한국근대 관리 임용 연구

한국근대 관리 임용 연구

지은이 정구선
인쇄일 초판1쇄 2008년 6월 10일
발행일 초판1쇄 2008년 6월 12일
펴낸이 정구형
   제작 박지연 한미애
디자인 김나경 김숙희 노재영
마케팅 정찬용 한창남
   관리 이은미 박종일
펴낸곳 국학자료원
      등록일 2006 11 02 제324-2006-0041호
      서울시 강동구 성내동 447-11 현영빌딩 2층
      Tel 442-4623 Fax 442-4625
      www.kookhak.co.kr
      kookhak2001@hanmail.net

  ISBN 978-89-6137-365-4 *93900
  가격 20,000원

* 저자와의 협의하에 인지는 생략합니다.

한국근대 관리 임용연구

정구선

국학자료원

목차

제1장 갑오개혁 이후 천거제의 변천 | 9

I. 머리말 | 9
II. 실학자와 개화파의 천거제안 | 10
III. 고시제와 천거제의 혼합 | 15
IV. 현관천거제의 변화 | 25
V. 거주연좌제의 정비 | 35
VI. 맺음말 | 42

제2장 갑오개혁기 전고제도의 성립과 시행 | 49

I. 머리말 | 49
II. 문관전고제도 | 50
III. 법관전고제도 | 59
IV. 지방관전고제도 | 64
V. 맺음말 | 66

제3장 통감부기의 일본인 관리 임용실태 |69

Ⅰ. 머리말 |69
Ⅱ. 내각의 일본인 관리 |70
Ⅲ. 궁내부의 일본인 관리 |110
Ⅳ. 통감부의 일본인 관리 |116
Ⅴ. 맺음말 |128

제4장 통감부기 조선인 관리의 성분 |133

Ⅰ. 머리말 |133
Ⅱ. 조선인 관리의 임용 |134
Ⅲ. 조선인 관리의 성분 |139
Ⅳ. 조선인 관리에 대한 서훈 |153
Ⅴ. 맺음말 |180

색인 |189

서론

　저자는 그동안 한국의 관리등용제도, 특히 천거제도에 대하여 관심을 갖고 지속적으로 연구를 진행하여 왔다. 이에 따라 삼국시대부터 한말까지의 천거제도에 대한 기초를 다져놓았다고 생각한다. 그 후 저자는 한말의 관리임용에까지 관심범위를 넓혀 연구를 진행하였는데, 그 결과로 이 단행본이 나오게 되었다.

　이 책의 본문 제1장에서는 갑오개혁 이후 천거제의 변천에 대하여 살펴보았다. 먼저 실학자와 개화파의 천거제 개혁안을 검토한 후, 고시제와 천거제의 혼합, 현관천거제의 변화, 거주연좌제의 정비 등에 대하여 고찰하였다. 제2장에서는 갑오개혁 시기에 새로운 관리등용제도로 성립된 전고제도의 성립과 시행을 문관전고제도, 법관전고제도, 지방관전고제도 순으로 알아보았다. 그리고 제3장에서는 통감부기 내각의 일본인 관리, 궁내부의 일본인 관리, 통감부의 일본인 관리의 임용실태를 고찰하였다. 마지막으로 제4장에서는 통감부기 조선인 관리의 임용과 성분, 그리고 서훈 실태를 추적하였다.

　이러한 논고를 통하여 한말 관리등용제도 및 관리임용 상황을 이해하는 데 도움을 줄 수 있다면 큰 보람이라고 하겠다.

　끝으로 어려운 여건 하에서도 부족한 연구물을 출판해 주신 국학자료원의 임직원들에게 심심한 감사를 드린다.

2008년 1월 저자 정구선 씀

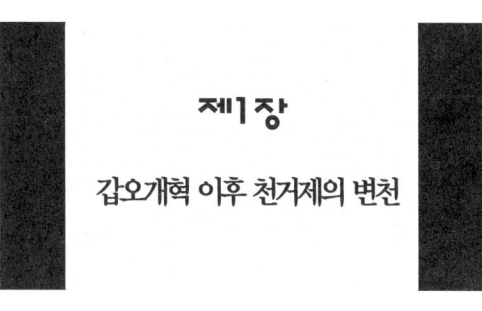

제1장
갑오개혁 이후 천거제의 변천

Ⅰ. 머리말   Ⅱ. 실학자와 개화파의 천거제안
Ⅲ. 고시제와 천거제의 혼합   Ⅳ. 현관천거제의 변화
Ⅴ. 거주연좌제의 정비   Ⅵ. 맺음말

Ⅰ. 머리말

갑오개혁기에 각 분야에 걸쳐서 개혁이 시도되었는데, 관리등용제도에도 큰 변화가 있었다. 그리하여 과거제가 폐지되고, 고시제와 천거제가 혼합된 새로운 관리등용제도가 도입되었으며, 현직관리의 승진·전임의 절차에도 천거제의 요소가 많이 포함되었다.

새로운 관리등용제도 가운데 문관의 임용을 위한 제도로는 문관전고시험제文官銓考試驗制를 들 수 있다. 문관전고시험제는 갑오개혁 초기에 마련된 전고국조례銓考局條例와 선거조례選擧條例 및 1906년 10월에 제정된 문관전고소시험규칙文官銓考所試驗規則으로 확립되었다. 이러한 문관전고시험에 응시하기 위해서는 우선 대신大臣 등의 천거를 받아야 했다.

갑오개혁 시기에는 신규관원을 뽑는 전고시험 외에 현직관원들의 승진이나 전임시에 천거를 받도록 하는 규정도 조선후기 이래의 제도를 이어받고 실학자·개화파 등의 개혁방안을 수용하여 법제화하였다. 그리하여 칙임관 등의 고관에 임명되려면 먼저 천거를 거쳐야 하는 제도가 마련되었다. 이처럼 갑오개혁 시기와 그 이후의 관리등용제도에는 천거제가 중요한 절차의 하나로 자리 잡고 있었다. 중국 한漢나라 때에 관리등용제도의 하나로 성립된 천거제薦擧制는 우리나라의 삼국시대 초기부터 시행되었으며, 고려·조선시대로 이어져 계속 운용된 제도였다.

본고는 이와 같은 갑오개혁기와 그 이후에 제정 내지 개정된 관리등용제도 속의 천거제적인 요소를 찾아내어 새로운 제도와 종래의 천거제와의 연관성을 밝혀보려는 의도를 지니고 있다. 아울러 이를 통하여 갑오개혁에 내포된 전통적이며 자율적인 성격을 알아봤으면 하는 기대도 갖고 있다.[1]

Ⅱ. 실학자와 개화파의 천거제안

갑오개혁을 맞이하여 천거제의 요소가 다분히 내포된 관리등용제도의 개혁이 이루어졌으나, 이러한 개혁은 조선후기의 실학자들이나 개항 이

---

[1] 저자는 기왕에 갑오개혁기와 그 이후의 관리등용제도의 개혁에 관하여 몇 편의 논문을 발표한 바 있다. (「갑오개혁기 관리등용제도 개혁에 관한 일고찰」『경주사학』 12, 1993. 「고종조의 관리임용정책에 관한 일연구」『남도영박사고희기념논총』 1993. 「대한제국기 새로운 관리등용제도의 성립과 시행」『경주사학』 17, 1998). 본고는 이 논문들의 내용을 부분적으로 수정, 보완하려는 의도로 작성되었다. 갑오개혁기와 그 이후의 천거제도 개혁에 대하여 다룬 논문은 저자의 것 외에는 없지만, 중앙과 지방의 관제·행정조직·관료제도 등의 개혁에 관하여 다룬 논문으로는 다음과 같은 것들을 들 수 있다. 신상준,「조선(갑오개혁이후) 및 대한제국의 행정조직에 관한 연구」『청주여자사범대논문집』 4, 1975. 5. 정진환,「갑오경장기 근대행정제도 및 문관경찰제 도입의 행정사적 고찰」『건국대대학원논문집』 6, 1977. 8. 윤정애,「한말 지방제도 개혁의 연구」『역사학보』 105, 1985. 3. 서영희,「1894~1904년의 정치체제변동과 궁내부」서울대 대학원 석사학위논문, 1989. 8. 오연숙,「대한제국기 의정부의 운영과 위상」『역사와 현실』 19, 1996. 3. 왕현종,「갑오개혁기 관제개혁과 관료제도의 변화」『국사관논총』 68, 1996. 6. 구선희,「개항기 관제개혁을 통해 본 권력구조의 변화」『한국사보』 12, 2002. 3. 김동수,「갑오개혁기의 지방제도 개혁」『전남사학』 15, 2002. 12.

후의 개화파 지식인들에 의하여 제기된 개혁방안이 상당 부분 반영된 결과였다.

실학자들은 조선초기 이래 중추적인 관리선발제도로 기능해왔던 과거제科擧制의 폐단을 지적하면서 그 시정을 촉구하였다. 특히 실학의 선구자인 유형원柳馨遠은 과거제를 영구히 폐지하고 학제學制와 결합시킨 천거제를 전면적으로 실시해야 한다고 주장하였다. 그는 먼저 학제로서, 지방의 각 고을에 설치할 읍학邑學에서 3년 이상을 수학하면 수령守令이나 교관敎官의 천거에 의하여 각 도의 영학營學에 진학시키고 여기에서 1년 이상 공부하고 나면 관찰사觀察使 등의 천거로 중앙의 최고교육기관인 태학太學에 진학하도록 하는 방안을 구상하였다. 이어서 등용절차로는, 태학에서 선사選士로 1년 이상 공부한 자는 태학장의 천거에 의하여 매년 35명을 조정에 천거하고, 1년이 지난 뒤 그들의 능력과 인격에 따라 차등 있게 관직을 제수하도록 하였다. 이와 같이 유형원은 학제와 천거제를 결합하고 능력과 인격을 기준으로 하는 관리등용제도의 개선방안을 모색하였던 것이다.

또한 이익李瀷은 천거를 통하여 관리를 선발하는 세 가지의 방안을 제시하였다. 즉 첫째는, 3년마다 경卿·대부大夫 이상의 고관과 수령들에게 한 명씩을 천거토록 하여 여러 사람의 천거를 받은 자를 상위上位로 하여 차례대로 관직에 보임補任하자는 것이다. 둘째는, 군郡마다 공조功曹라는 벼슬을 지닌 하급관리를 한 명씩 두어 수령을 보좌하게 한 뒤, 그 중에서 청렴하고 재능이 뛰어난 자를 관찰사와 어사御史가 중앙으로 천거하여 관직에 등용하자는 방안이다. 셋째는, 지방 향교鄕校에서 중앙으로 천거한 향교의 학생, 즉 교생校生을 관리로 임용토록 할 것을 제안하고 있다. 이처럼 이익은 고관이나 수령의 천거를 받은 자, 관찰사와 어사의 천거를 받은 각 고을의 공조, 그리고 향교의 천거를 받은 교생을 관리에 등용하자는 개

혁안을 과거제의 대안의 하나로 구상한 바 있었다.[2]

다음으로 유수원柳壽垣은 공거제公擧制를 제시하였는데, 학교 학생들 가운데 학문 등이 우수한 자를 중앙으로 공거하면 이들에게 정시庭試를 보도록 하여 합격자를 지방의 교직敎職에 제수하자는 방안이었다.[3]

그밖에 조선 말기의 실학자 최한기崔漢綺도 천거에 의한 관리 선발 방법을 강구하였다. 그에 의하면, 우선 각 고을의 향로鄕老들이 문무文武의 재능을 지닌 자들을 수령에게 천거하고, 수령은 이들을 면접한 뒤 3년에 한, 두 명씩을 본도本道로 천거하며, 본도에서는 이 가운데 우수한 자들을 중앙의 선부選部로 보내어 고핵考覈하도록 하자고 하였다.[4]

이상에서 살펴본 실학자들의 천거제 수용의 주장은 그 후 개화파 지식인이나 관료들에게 상당한 영향을 미친 것으로 보인다. 개화파 인사들 가운데는 실학자들과 맥을 같이 하는 등용제도 개혁안을 제시한 이들이 있기 때문이다. 특히 온건개화파 내지 시무時務개화파로 분류되고 있는 김윤식金允植은 1890년에 작성한 『십육사의十六私議』의 천법조薦法條에서 과거제를 폐지하고 현량천과賢良薦科를 부활시켜 천거를 통하여 관리를 등용해야 한다고 주장하였다. 그는 "무릇 국가는 임현任賢을 본으로 삼고 관官은 득인得人을 정령으로 삼는다. 온갖 좋은 일을 일으키는 것은 한 명의 현재賢才를 천거하는 것만 못하다"라고 하면서 관리등용과 천거의 중요성을 역설하였다. 이어서 그는 "요사이의 등과자登科者는 세력에 의거한 자가 아니면 반드시 뇌물을 쓴 자이며, 유사有司 가운데 공평하다고 하는 자는 그 공졸工拙을 불문하고 그저 손이 가는 데로 시권試卷을 뽑아서 혐의嫌疑를 피하려 한다. 이에 사士는 모두 해체되고 치문治文에 뜻을 두지 않게 되었다." 라고 하여 과거제의 폐단을 비판하면서 이것의 폐지와 현

---

2) 조원래, 「실학자의 관리등용법개혁론 연구」 『백산학보』 23, 1977, pp.277~287.
3) 유수원, 『우서』 권2, 논학교선보지제(論學校選補之制).
4) 최한기, 『인정』 권15, 선인문 2, 향거.

량천과의 실시를 주장하였다.5) 과거제의 폐지와 천거제의 실시를 촉구한 김윤식의 이러한 주장은 실학자 유형원柳馨遠이 1600년대 중반에 이미 제기한 방안이었다. 이익李瀷과 유수원柳壽垣 등도 천거제의 실시를 주장하기는 했지만 과거제의 폐지까지는 나아가지 못하였는데, 200여년이 지난 뒤에 유형원의 주장이 김윤식에 의하여 다시 한번 제기되었던 것이다. 이를 통하여 우리는 개화사상과 실학사상과의 사상적 연관성을 새삼 느끼게 된다.

김윤식이 주장한 현량천과賢良薦科는 중종中宗 14년(1519) 4월에 실시된 특별한 관리선발 방식을 말하는 것인데, 종래에는 현량과賢良科나 천거과薦擧科로 불리어졌다. 이것은 한漢의 현량방정과賢良方正科를 모방하여 천거 후 대궐에서의 대책對策만으로 관리를 뽑는 방식으로 일종의 천거제라고 할 수 있다. 당시에 조광조趙光祖 등의 사림파士林派가 천거과를 실시한 표면적인 명분은 과거제의 폐단을 지양하고 재덕才德을 겸비한 인재를 발탁한다는 데 있었지만, 그 진정한 의도는 사림파의 세력강화에 있었다.6)

그는 이밖에도 현직관리現職官吏의 인사문제에 대하여 언급하면서, 천거법을 채용할 것을 제안하고 있다. 즉, 5품 이상의 관료와 여러 사司의 장관長官은 재신宰臣으로 하여금 진서進敍토록 하고, 6품 이하의 관리 등은 주州·부府에서 벽용辟用토록 하는 방안이었다. 이 방안은 5품 이상의 고위직은 재상으로 하여금 천거토록 하고, 6품 이하의 중·하위직은 지방에서 천거하도록 하자는 것이었다. 이와 같이 김윤식은 신규관리의 선발과 현직관리의 임용에 한결같이 천거를 거치도록 하자는 구상을 제시하였던 것이다.

개화파 인사의 한 사람인 유길준兪吉濬도 천거에 관하여 언급하였는데,

---

5) 한철호, 「시무개화파의 개혁구상과 정치활동」 『한국근대 개화사상과 개화운동』 신서원, 1998, pp.82~86.
6) 저자, 「중종조 천거제의 시행과 사림파의 성장」 『동국사학』 24, 1990, pp.30~44.

그는 의정대신議政大臣, 즉 정승政丞은 국민들의 천거에 의하여 선출되어야 한다는 견해를 피력한 바 있다.

또한 갑신정변甲申政變의 실패 후 일본에 망명해 있던 박영효朴泳孝는 1888년에 고종高宗에게 올린 개혁상소문改革上疏文에서 조선의 근대화 방안을 건의하면서 특히 바람직한 정치체제로 군민공치君民共治의 정치형태를 주목하고 이를 실현키 위하여 현회제도縣會制度를 도입할 것을 주장하였다. 현회제도란 민民으로 하여금 법률을 만들어 민사民事를 의논하는 제도로서 조선시대의 산림제山林制나 좌수제座首制와 유사한 것이라 하였다. 그는 이처럼 산림을 선발하여 국사國事를 협의하는 제도에서 이미 군민공치君民共治의 기풍이 있었음을 강조하고 있다.7) 여기에서 산림山林은 산림지사山林之士의 준말로서 향촌에 은거한 채 학문에 힘쓰고 있는 학덕學德높은 선비를 뜻한다. 산림 가운데 학행이 높아 세간의 존경을 받는 이들은 향천鄕薦이나 별천別薦 등의 천거제를 통하여 징소徵召되어 관직을 제수받았다.

조선후기에는 산림을 특별히 우대하여 등용키 위한 방안으로 산림만이 진출할 수 있는 이른바 산림직山林職이 설치되어 있었다. 산림직은 성균관成均館의 좨주祭酒, 정3품・사업司業(종・정4품), 세자시강원世子侍講院의 찬선贊善(정3품)・진선進善(정4품)・자의諮議(정7품) 등이었다. 이처럼 조선후기에는 유생들의 교육기관인 성균관과 세자의 교육을 담당한 세자시강원 등에 고명한 유학자인 산림을 등용하여 우대함으로써 유학을 장려하고 정권안정을 도모하고자 하였다.8)

이상과 같은 실학자 및 개화파의 관리등용제도에 대한 개혁 구상은 갑오

---

7) 왕현종, 「갑오개혁기 관제개혁과 관료제도의 변화」 『국사관논총』 68, 1996, pp.256~262. 김윤식의 천거제와 관련된 주장은 이상일의 「운양 김윤식의 사상과 활동 연구」 (동국대 박사학위논문, 1995) 등에서도 검토되었다.
8) 저자, 「조선후기 천거제와 산림의 정계진출」 『국사관논총』 43, 1993, pp.49~89.

개혁에 반영되어 고시제, 즉 시험제와 천거제가 결합된 새로운 등용제도와, 천거를 통한 현직現職관리의 임용법 등이 채택되었던 것이다. 이를 통하여 적어도 관리등용제도 개혁의 측면에서만 본다면, 실학사상→ 개화사상→ 갑오개혁으로 이어지는 사상적인 맥락을 엿볼 수 있다고 하겠다.

Ⅲ. 고시제와 천거제의 혼합

앞에서 알아본 것처럼 조선후기 이래 실학자나 개화파 관료 등의 지식인들에 의하여 과거제도의 폐지 내지 개혁방안 등이 제시되었으나 현실화되지 못하다가 갑오개혁을 통하여 과거제도가 공식적으로 폐지되고[9] 근대적인 시험제도가 새로운 관리등용제도로 수용되었다.

새로운 관리등용제도는 갑오개혁기인 1894년(고종 31년) 7월 3일 과거제도 폐지가 단행된 직후인 7월 12일 전고국조례銓考局條例와 선거조례選擧條例 등이 제정됨으로써 그 기본 바탕이 마련되었다. 이 가운데 전고국조례의 내용은 다음과 같다.

一. 전고국銓考局은 부府와 아문衙門에서 보낸 선거인選擧人을 고시考試하는 업무를 관장한다. 그 시험에는 보통시험普通試驗과 특별시험特別試驗의 두 가지가 있다.
一. 보통시험은 국문國文·한문漢文·사자寫字·산술算術·내국정內國政·외국사정外國事情·내정외사內政外事로 고시한다.
一. 보통시험은 해당인의 선장選狀에 적혀 있는 바에 따라 재기才器를 파악하여 한 가지로 고시한다.
一. 보통시험 후 특별시험의 응시를 허락한다. 특별시험에 합격하지 않은

---
9) 『고종실록』 권32, 31년 7월 3일.

사람은 전고국에서 그를 선거選擧한 부府나 아문衙門에 통지通知한다. 합격한 자에게는 전시장銓試狀을 수여하고 해당 대신大臣으로 하여금 빙고憑考토록 한다.10)

이처럼 전고국조례의 1조에서는 전고국의 업무와 시험의 종류를 규정하고 있다. 즉, 전고국은 각 부와 아문에서 보낸 선거인選擧人을 고시하는 업무를 수행하도록 하였으며, 시험은 보통시험(1차시험)과 특별시험(2차시험)의 두 단계로 정하였다. 여기에서 선거인이란 뒤에서 살펴볼 선거조례에 나타나듯이 각 부와 아문의 대신들이 품행이나 재주 등이 뛰어나다 하여 천거(예선)한 자들을 뜻한다. 이처럼 시험에 응시하려면 우선 대신들의 천거를 받아야 했는데, 여기에서의 선거는 종전의 천거와 같은 의미를 지닌 용어로 보여 진다. 따라서 보통시험과 특별시험의 전 단계로 대신들에 의한 천거라는 절차를 거치도록 규정하였던 것이다. 이렇게 볼 때 새로운 시험제도는 고시제도와 천거제도를 결합한 형태였다고 하겠다. 이와 같이 두 제도를 혼합한 것은 우수한 인재들을 적재적소에 발탁하려는 고심의 결과였던 것으로 보인다.

전고국조례 2조에서는 보통시험의 고시과목을 규정하고 있다. 시험과목에는 종래 과거제도의 시험과목에는 없었던 국문(국어)·산술(수학)·내국정(내국정세)·외국사정 등이 새로이 포함되어 유교경전이나 시詩·문文 등의 고루한 지식이나 문예가 아닌 근대적인 지식, 즉 신식 학문을 익힌 인재의 선발에 주안점을 두었음을 보여주고 있다. 3조는 보통시험의 방법을 명시하고 있는데, 해당인(응시자)의 선장選狀(천거장, 추천서)에 적혀있는 재주와 기예를 파악하여 한 가지 과목으로 고시하도록 하였다.

마지막으로 4조에서는 2차 시험이라고 할 수 있는 특별시험의 응시자

---

10) 『고종실록』 권32, 31년 7월 12일.

격과 합격자의 처리에 대하여 규정하고 있다. 즉, 특별시험은 보통시험에 합격한 자에 한하여 응시할 수 있도록 제한하였으며, 특별시험에 합격한 자에게는 전시장銓試狀(합격증서)를 수여한 뒤 해당 대신으로 하여금 잘 살펴서 빙고憑考하도록 하였다. 여기에 나오는 빙고란 말은 선거조례의 징용徵用과 같은 용어인데, 징용이란 조선후기에 널리 사용된 징소徵召와 동의어로서 인재를 불러서 등용한다는 뜻을 지니고 있다. 조선후기에는 재야의 명망 있는 유림 등을 천거토록 한 다음 임금이 이들을 부르는 징소의 절차를 밟아서 등용하곤 하였다. 그러므로 징소는 천거와 밀접한 관련이 있다고 할 수 있다. 앞에서 살펴본 바와 같이 전고국조례에서 규정된 등용방식은 새로운 고시제도에 종래의 천거제도가 가미된 형태를 띠었다고 하겠다.

지금까지 검토한 고시제도의 절차를 간단히 정리하면,

선거(예선) → 보통시험 → 특별시험 → 전시장(합격증) 발급 → 임용

의 순서로 되어 있었다고 할 수 있다.

이상과 같은 전고국조례와 동시에 선거조례도 제정되었는데, 그 내용은 다음과 같다.

一. 각 부와 각 아문의 대신들은 그 소관 주임관奏任官·판임관判任官 등을 선취選取한다.
一. 각 대신들은 조야朝野·신사紳士·경향京鄕·귀천貴賤을 가리지 않고 품행品行·재서才諝·예술藝術이 있고 아울러 시무時務를 아는 자를 자세히 조사하여 선취한 후 그 사람의 관직·성명·연령·거주지를 상세히 기록, 선장選狀을 발급하여 전고국으로 보내어 재주에 따라 전형銓衡토록 한다.

一. 예선豫選된 자의 선장에 그 재기才器가 어느 과課 어느 국局에 알맞은 가를 적어 전고국으로 보내어 그 가운데 보통시험과 특별시험에 합격한 자를 각 부·아문으로 하여금 징용徵用토록 한다.
一. 학교를 널리 설립하여 인재를 양성하기 전에 의정부로 하여금 5도都·8도道에 관칙官勅을 내리게 하되 향공법鄕貢法에 의하여 다음과 같이 천거하여 올리도록 한다.
경기도 10 충청도 15 전라도 15 경상도 20 평안도 13 강원도 10 황해도 10 함경남도 5 함경북도 5 5도都 1 제주 1 이들을 서울로 올려보내면 각기 그 재주가 어떤 아문을 원하는 가에 따라 각 아문의 대신들이 선취選取한다.[11]

이와 같이 선거조례의 1조에서는 각 부와 아문의 대신들이 그 담당 부처의 주임관(3품~6품)과 판임관(7품~9품) 등을 선취하도록 규정하고 있다. 여기에 나오는 선취라는 단어는 전고국조례에서 보듯이 천거와 같은 의미로 쓰여진 용어라고 하겠다. 따라서 1조의 내용은 각 부와 아문의 대신들이 해당 부처의 주임관·판임관 후보자들을 천거한다라고 해석할 수 있을 것이다. 그런데 그 이틀 후에 제정된 문관수임식文官授任式에서는 판임관만을 전고국시험으로 뽑도록 규정하였다.[12]

2조는 대신의 선취방법과 절차 등에 관한 내용이다. 즉, 대신들이 후보자들을 선취할 때는 신분이나 거주지 등을 가리지 말고, 품행·재주 등에 따라 선취하도록 규정하고 있다. 이처럼 신분을 따지지 않고 오직 능력에

---

11) 앞과 같은 조. 종래에 저자는 선거조례 4조를 분석하면서, 향공법에 의하여 각 지방에서 천거한 자들을 대신들이 곧바로 관리로 임명하는 것으로 파악하였으나「갑오개혁기 관리등용제도 개혁에 관한 일고찰」『경주사학』12, 1993, pp.14~15) 이것을 천거된 자들의 경우 대신들의 선취를 거쳐 보통시험과 특별시험에 응시하여 합격한 뒤 임명하는 것으로 바로 잡는다. 즉, 여기에서의 천거는 고시에 응시하기 위하여 거쳐야 하는 하나의 절차로 보아야 한다는 것이다.
12)『고종실록』권32, 31년 7월 14일.

의하여 인재를 선발하고자 한 것은 갑신정변이나 동학농민혁명에서 제기된 문벌타파와 인민평등의 정신을 구현한 것이라고 하겠다. 선취한 후에는 선취된 자들의 성명 등을 자세히 적은 선장選狀을 발급하여 전고국으로 보내도록 하였다. 3조에서는 선취(예선)된 자들로 하여금 보통시험과 특별시험에 응시하도록 하여 합격한 자들을 각 부와 아문에서 징용토록 규정하였다. 이와 같이 선거조례에서는 각 부와 아문의 대신들이 인재를 선취(천거)하고 이들 가운데 보통시험·특별시험에 합격한 자를 대신들이 등용토록 하였다.

그러나 인재들을 선취하기 위해서는 근대적 교육기관이 설립되어 신식 교육이 이루어져야만 가능한 일이었다. 선거조례의 4조는 이 점을 감안하여 학교를 널리 설립하여 인재를 양성하기 전에 향공법鄕貢法에 의하여 인재들을 천거토록 하고, 천거된 자들을 대신들이 선취하도록 하는 단서조항을 두었다. 이처럼 선거조례에서는 대신들로 하여금 해당 부처의 관리들을 선취하도록 규정하였으나 인재가 양성되지 않았기 때문에 인재들이 양성되기 전까지는 잠정적으로 향공법에 의하여 지방의 인재들을 천거토록 하여 이들 가운데서 적임자를 대신들이 선취하도록 하였다.

여기에 나오는 향공법은 조선후기 이래 시행되었던 향천법을 의미하는 것으로 보이는데, 이해를 돕기 위하여 조선후기의 향천법에 대하여 간략하게 살펴보도록 하겠다. 향천鄕薦은 향리지천鄕里之薦의 준말로서 향거이선鄕擧里選이나 향거鄕擧라고도 불리워졌으며, 향천법鄕薦法은 향천보거법鄕薦保擧法이라고도 일컬어졌다. 조선후기 향천법의 정비는 효종孝宗 즉위년(1649년) 11월 비변사備邊司의 건의에 의해서 비롯되었는데, 이 때에 건의된 향천법은 여러 차례의 보완작업을 거친 끝에 영조英祖 22년(1746년)에 편찬된 『속대전』續大典에 다음과 같은 내용으로 정리되었다.

각 도의 전직관리·생원·진사·유학幼學 가운데 재행才行이 뛰어난 자는 식년式年 연초年初마다 일 향인鄕人이 수령守令에게 보증천거保證薦擧하고, 수령은 이를 관찰사觀察使에게 보고한다. 관찰사는 이들을 추려서 중앙으로 천거하되, 하삼도下三道는 각기 3명을 넘지 못하고, 상오도上五道는 각기 2명을 초과하지 못한다. 각 피천자被薦者의 이름 아래에 그 재행才行을 분명하게 기록해야 하며, 생원·진사는 30세 이상, 유학은 40세 이상이 되어야 천거를 받을 수 있으며, 전직관리는 연령에 구애받지 않는다. 피천자의 명성과 실제가 부합하지 않거나 연령을 허위로 기재한 자는 처벌하되, 향리鄕里의 보거인保擧人은 공거비기인율貢擧非其人律로 처벌하고 관찰사와 수령守令은 파직罷職한다. 서울 사람으로서 시골을 왕래하며 인연因緣을 구하여 청탁을 넣어 천거된 자는 보거자保擧者와 같은 처벌을 가한다.[13]

이처럼 『속대전』에는 피천자의 신분을 전직관리·생원·진사·유학으로 하였고, 이들을 고을백성 → 수령 → 관찰사의 순서로 천거하도록 규정하였다. 또한 천거인원은 충청도·경상도·전라도의 하삼도는 3명 이하, 그 밖의 상오도는 2명 이하로 제한하였으며, 피천자의 연령은 생원·진사의 경우 30세 이상, 유학은 40세 이상으로 못박았다. 특히 거주연좌擧主緣坐의 규정을 엄격하게 명시하였는데, 처벌의 대상이 되는 행위를 피천자의 재행을 과장해서 기록하거나 연령을 허위로 기재한 경우로 하였다. 또한 거주擧主의 처벌규정을 엄격히 하여 보거한 향인鄕人은 공거비기인율貢擧非其人律을 적용하고, 수령과 관찰사는 파직토록 하였다.

이와 같은 향천법은 조선말까지 지속적으로 시행되다가 갑오개혁시에 위에서 살펴본 선거조례에 반영되었다. 『속대전』상의 향천법에 의하면 식년式年 연초마다 지방에서 19명 이하의 재행才行이 뛰어난 인재들을 중앙으로 천거토록 하였는데, 식년은 3년마다 찾아오므로 3년에 한 번씩 일

---

13) 『속대전』 권1, 이전 천거조.

정 인원을 천거토록 한 것이다. 선거조례에서도 전국적으로 109명의 인재들을 천거하도록 규정하고 있는데, 천거의 시기는 나와 있지 않지만 향공법에 의한다고 하였으므로 식년마다, 즉 3년에 한 차례씩 위의 인원을 천거토록 하였던 것 같다.

앞에서 살펴본 바와 같이 갑오개혁기에 과거제를 폐지한 후 전고국조례와 선거조례 등을 제정하여 보통시험과 특별시험, 즉 고시제와 천거제가 결합된 새로운 관리등용제도를 통하여 관리를 선발하도록 했던 것이다. 그러나 새 등용제도는 그 시행세칙이 마련되지 못하고 인재 양성이 여의치 못한 등의 이유로 10여 년간 단 한 차례도 실시되지 못하였다.

시행 세칙 등이 마련되어 새로운 등용제도가 본격적으로 실시되기 시작한 것은 1905년(광무 9년)에 문관전고제도가 정비된 이후부터였다. 문관전고제도의 정비는 1905년 2월 26일 문관전고소규제文官銓考所規制의 제정에서 비롯되었다. 이 규정에 의하여 비로소 의정부 산하에 문관전고소를 설치할 수 있는 법적 근거가 마련되었다. 문관전고소에는 위원장과 위원 5명, 서기 약간 명을 두도록 되어 있었는데, 위원장은 판임문관보통시험에 관한 사무를 관장하고, 위원은 위원장의 지휘를 받아 시험에 관한 사무를 관장토록 하였다.[14]

이어서 같은 해 4월 24일에는 문관전고소규칙文官銓考所規則이 공포됨으로써 문관전고시험규정이 상세하게 마련되었다. 문관전고소규칙에는 문관전고시험의 응시자격·시험과목·시행과정 등이 명시되었다. 이에 의하면, 응시자격은 만 20세 이상의 남자 가운데 각 학교를 졸업한 자로 한정하였고, 시험은 초고初考와 회고會考의 2종류로 나누었다. 시험방법은 추첨 면강面講 또는 수의문대隨宜問對로 되어 있었다. 원칙적으로 초고에 입격入格한 자에 한해서 회고에 응시할 자격이 부여되었으며, 회고의

---

14) 『구한국 관보』(이하 관보라 함) 호외(광무 9년 3월 1일).

급제及第 인원은 1회에 30명 이하로 정하였다. 초고에 합격한 자에게는 입격증서를 주고 회고에 합격한 자에게는 급제증서를 수여토록 하였다. 또한 합격자 명단은 관보에 공고하도록 되어 있었다.15)

이러한 문관전고소규칙과 동시에 문관전고소세칙文官銓考所細則이 마련되었는데 이에 따르면, 문관시험에 응시하는 자는 소정양식에 의한 전고청원서와 이력서를 문관전고소 위원장에게 제출하도록 규정되었다.16) 이러한 문관전고시험에 합격한 자는 판임관에 임용하도록 하였다. 1906년 9월 24일에 제정된 문관임용령文官任用令에 의하면 판임관에 임용될 수 있는 자격을 판임직에 1년 이상 근무한 자, 전고소합격증서가 있는 자 등으로 규정하였던 것이다.17)

1905년 2월에 마련되었던 문관전고소규칙은 1906년(광무 10년) 10월 25일에 폐지되고 의정부령 제2호로 보통문관시험을 위한 문관전고소시험규칙文官銓考所試驗規則이 다음과 같이 마련됨으로써 개정되기에 이르렀다.

제1조 보통문관시험은 모두 본 규칙에 의한다.
제2조 시험은 다음의 두 종류로 나눈다.
一. 정기시험
一. 임시시험
제3조 정기시험은 매년 2회로 정하되 1회에 30인 이내로 선취한다.
제4조 임시시험은 각 부府와 부部에서 급속을 요하는 경우에 1인이라도
　　　시취試取한다.
제5조 시험은 초고와 회고로 나눈다.
一. 초고는 수험인의 중등교육에 상당한 학력이 있는 지를 고시考試하며

---

15) 『관보』 제3123호 (광무 9년 4월 26일).
16) 앞과 같은 조.
17) 『관보』 부록 (광무 10년 9월 28일).

과목은 다음과 같다.

작문作文 공문公文 또는 논문論文 필사筆寫 해서楷書 또는 속사速寫 산술算術 필산筆算 또는 주산珠算

一. 회고는 수험인의 이학상理學上 원칙 및 현행 법령에 밝고, 그 수득修得한 학력이 실무에 응용될 만한 재주를 고시하며 과목은 다음과 같다.

법학 경제학 현행법령(택 1)

제6조 연령 18세 미만 자는 응시할 수 없다.
제8조 각 관청의 견습생으로 1년 이상 근속한 자는 초고를 면제한다.
제9조 정기시험에는 의정부 참찬參贊과 각 부 협판協辦 이상이 천거한다.
제10조 임시시험은 초·회고 과목을 합시合試할 수 있다.[18]

이처럼 문관전고소시험규칙에서는 시험을 정기시험과 임시시험으로 두 종류로 하고, 시험을 다시 초고初考와 회고會考로 나누어 초고에 합격한 후 회고에 응시토록 하였다. 초고의 시험과목은 작문·공문·주산 등으로, 회고의 시험과목은 법학·경제학·법령으로 정하였다. 여기에서도 갑오개혁시에 마련되었던 고시제도와 마찬가지로 정기시험에 응시하려면 의정부 참찬과 각 부 협판 등의 천거를 받도록 되어 있었다. 따라서 갑오개혁 이후에 제정된 문관시험제도는 원칙적으로 천거를 받은 이후 시험에 응시토록 함으로써 일관되게 고시제와 천거제의 결합 양상을 보여주고 있다. 이 점은 새로운 관리등용제도의 중요한 특징 중의 하나라고 하겠다.

이상에서 살펴본 것처럼 개정, 보완을 거듭한 문관전고시험제도가 처음으로 시행되어 합격자를 배출한 것은 1905년(광무 9년) 5월 18일의 일이었다. 이 때에 홍종길洪鍾佶을 비롯한 30명이 회고에 합격하였던 것이다. 이렇게 첫 정기시험이 치루어진 후 1907년 5월부터 국권이 상실되기 직전

---

18) 『관보』 3595호 (광무 10년 10월 27일).

인 1910년 1월까지 모두 13회의 임시시험이 시행되어 19명의 회고 합격자를 내었다.[19]

지금까지 문관고시제와 천거제의 결합관계를 알아보았지만, 갑오개혁 직후에는 문관과 마찬가지로 법관도 고시와 천거를 통하여 임용하도록 하였다. 사법제도의 개혁은 1895년(고종 32년) 3월 25일 법률 제1호로 반포된 재판소구성법裁判所構成法으로 처음 이루어졌다. 이 법에 의하면 전국의 재판소는 지방재판소, 한성 및 인천과 기타 개항장재판소, 순회재판소 · 고등재판소 · 특별법원 등 5종을 설치하도록 규정되었다. 각 재판소에는 판사 · 검사 · 서기 및 정리廷吏를 두도록 하였다. 또한 각 재판소의 판사 · 검사는 별도로 정한 사법관시험규칙司法官試驗規則에 따라 사법관시험에 급제한 자들을 법부대신法部大臣이 국왕에게 주천奏薦하여 임명토록 하였다.[20] 이와 같이 각 재판소의 법관, 즉 판사와 검사는 사법관시험에 합격한 자들을 천거를 통하여 임용하도록 규정되었던 것이다.

법관임용규정은 1900년(광무 4년) 4월 27일에 칙령 제12호로 반포된 무관급사법관임명규칙武官及司法官任命規則에 의하여 개정되었다. 즉, 법관은 법률학교 졸업자를 법부시험을 거친 후 임명토록 하고, 사법사무에 능통한 자는 법률학교 졸업증서가 없더라도 바로 임명할 수 있었다.[21] 통감부가 설치된 후인 1906년 10월 26일에는 칙령 제63호로 법관전고규정法官銓考規程이 공포되어 각 재판소의 판사 · 검사는 일정한 자격을 갖춘 자로서 법관전고위원의 전고시험을 거쳐 임용토록 다시 개정되었다.[22] 법관전고규정이 반포된 직후인 1906년 11월 6일에는 법관전고세칙法官銓考細則이 법부령法部令 제5호로 마련되어 법관시험에 관한 규정이 좀 더 구체화되

---

19) 『관보』 3144호~4588호.
20) 『고종실록』 권33, 32년 3월 25일.
21) 『관보』 1538호(광무 4년 4월 3일).
22) 『관보』 3598호(광무 10년 10월 31일).

어 법관전고위원의 시험을 거쳐 판사·검사로 임용될 수 있도록 하였다.[23] 1909년(융희 3년) 4월에는 기존의 법관전고규정이 폐지되고, 새로이 법관임용령法官任用令이 제정되었다. 이에 따라 판사·검사 등의 법관은 원칙적으로 사법시험에 합격한 자, 법관양성소 졸업자, 외국대학의 법률학과 졸업자 등을 법관전형위원法官銓衡委員의 전형을 거쳐 임용토록 규정되었다.[24]

앞에서 살펴본 바와 같이 갑오개혁 당시와 그 이후에 제정되거나 개정된 관리등용제도는 원칙적으로 천거를 받은 자에 한하여 고시에 응시하거나 관리로 임명되도록 함으로써 천거제적인 속성을 강하게 내포하고 있었던 것이다.

Ⅳ. 현관천거제의 변화

1. 갑오개혁 이전의 현관천거제

중국 한나라 때 성립된 천거제는 우리나라의 삼국시대 때부터 실시되기 시작하여 고려·조선시대를 거쳐 한말韓末까지 지속적으로 이어졌다. 천거제는 관직이 없는 자들의 임용에도 활용되었지만, 현직관원들의 승진이나 전보에도 이용되었다. 특히 고려시대의 경우 중앙·지방의 현직관리들이 승진하거나 요직으로 영전하기 위해서는 천거를 받아야 하는 것이 거의 필수적인 과정이었다. 그밖에 어떤 특정한 직책, 예를 들어 외국에 파견되는 사신使臣 등의 선발에도 그 중요성을 감안하여 천거라는 절차를 거치도록 하였다. 과거科擧 등을 통하여 초입사初入仕한 관리들은

---
23) 『관보』 3610호(광무 10년 11월 14일).
24) 『관보』 4347호(융희 3년 4월 10일).

관계官界에서의 영달榮達을 위하여 또다시 유력자有力者의 천거를 거듭 받아야만 했던 것이다. 따라서 천거는 입신立身을 위하여 반드시 거쳐야 하는 관문의 하나였다. 고려시대에는 경직京職만이 아니라 지방민을 직접 다스리는 지방관도 그 직책의 중요성 때문에 천거를 통하여 임용하였다. 이에 따라 각 도의 장관인 안찰사를 비롯하여 수령·찰방사·역승 등의 지방관은 천거를 거쳐 엄선토록 하는 규정이 마련되어 있었다.[25]

이와 같은 현관천거제는 조선시대로 이어져 계속 시행되었다. 조선시대의 현관천거는 주로 식년式年마다 이루어졌는데, 이것을 식년보거式年保擧라고도 불렀다. 여기에서 보거保擧는 보증천거를 뜻한다. 이 식년보거는 조선왕조 개국 직후부터 이미 법제화되어 『경국대전經國大典』 이전吏典 천거조薦擧條에 다음과 같이 명시되었다.

> 중앙과 지방의 문文·무반武班 3품 이상의 관리는 3년마다 정월에 각각 3품에서 무직無職까지의 인재를 천거한다. … 천거 받은 사람이 만 약 장오贓汚와 패상敗常의 죄를 범하면 천거한 자도 같이 책임을 진다.[26]

이처럼 3품 이상의 고관들은 3년마다 3품 이하의 관리 등을 천거하여 임용에 대비하도록 하였던 것이다. 여기에서는 특히 천거를 잘못했을 경우 천거 주체인 거주擧主에게도 연대책임을 지움으로써 보증천거의 효과를 거두고자 하였다. 이러한 보거는 다음의 기사에 보이는 것처럼 현직관리의 승진 등에 있어서 필수적인 절차의 하나였다.

> 원래 관직이 있는 자들은 모름지기 보증천거가 있은 뒤에 등용한다.[27]

---

25) 저자, 「고려시대의 현관천거제」 『동국사학』 33, 1999, pp.19~43.
26) 『경국대전』 이전 천거조.
27) 『단종실록』 권2, 즉위년 8월 기묘.

이처럼 조선시대에는 현직관리가 승진이나 전보되기 위해서는 먼저 천거를 받아야만 하였다.

조선시대에는 식년보거 외에도 현직관리들을 천거하도록 하는 규정이 다양하게 마련되어 있었다. 즉, 조선전기의 경우 지방관인 수령守令 후보자들을 매년 천거하도록 하였으며, 의정부와 육조의 당상관堂上官 및 사헌부司憲府와 사간원司諫院의 관원들은 매년 봄에 관찰사·절도사 적임자들을 천거하도록 규정하고 있었다. 또한 이조·병조·호조의 판서, 양부兩都의 유수留守, 양계兩界의 관찰사, 광주廣州 유수, 의주 부윤, 수원 유수, 동래 부사 등의 요직은 의정부의 천거를 거쳐서 국왕의 재가를 받아 임명토록 하였다.[28] 조선 말기에는 의정부의 천거를 거쳐서 임용하는 관직의 범위가 더욱 넓어져서 양국兩局의 대장, 수어사, 총융사, 통제사, 함경북도와 평안도의 병사, 금위대장, 제주 목사, 회령·강계 부사 등 중요 무관직과 변경의 수령들도 천거를 받은 자를 등용토록 하였다.[29]

이처럼 갑오개혁 이전까지 현직관리의 등용에 중요한 역할을 한 현관천거제는 다음에 살펴보는 바와 같이 갑오개혁 당시의 관리등용제도 개혁에 많은 부분이 반영되었다. 이것은 관리등용제도의 개혁안이 전 시기의 영향을 상당히 많이 받았음을 보여주는 것이며, 따라서 갑오개혁이 전대前代와의 연속선상에서 이루어졌음을 의미하는 것이라 하겠다.

2. 갑오개혁기의 현관천거제

1) 의정부 관리의 천거

앞에서 살펴본 조선시대의 현관천거제는 갑오개혁을 맞이하여 관리등

---

28) 『경국대전』 권1, 이전 천거조.
29) 『대전회통』 권1, 이전 천거조.

용제도의 개혁의 일환으로 개정이 추진되었다. 갑오개혁에서는 관제를 크게 개혁하여 일반행정과 왕실사무를 나누어 관장하는 의정부와 궁내부를 설치하면서 그 관직 가운데 요직을 천거에 의하여 임명하도록 하는 개혁안을 마련하였다. 우선, 의정부 관리의 천거와 관련된 개혁안은 고종高宗 31년(1894) 7월 14일에 제정된 문관수임식文官授任式에 반영되었다. 문관수임식에서는 문관을 칙임관(정1품~종2품), 주임관(3품~6품), 판임관(7품~9품)의 세 부류로 크게 나누고, 칙임관 등을 천거를 거친 후 임명토록 규정하였다. 즉, 칙임관은 의정부 총리대신이 각 아문의 대신, 의정부의 찬성贊成(칙임관), 도헌都憲(주임관)과 회동하여 협의한 뒤 공거公擧하며, 공거받은 자들 가운데 3명을 국왕에게 올려서 그 가운데 낙점을 받은 자를 해당 칙임관의 자리에 임명토록 하였다.30) 이처럼 고관을 임명할 때에는 총리대신과 각부 대신 등의 공거를 먼저 거치도록 규정하였던 것이다. 여기에서 공거는 공천公薦과 같은 의미의 용어로서 공의公議에 의한 공정公正한 천거를 뜻한다.

문관수임식에는 칙임관의 임용에 관한 규정과 함께 주임관과 판임관의 임용규정도 마련되었다. 즉, 주임관은 해당 대신이 선발한 뒤 총리대신에게 보내면 도찰원都察院에서 가부可否를 평의評議하여 국왕의 재가를 받아 임용하도록 하였다. 판임관은 해당 아문의 대신이 선취하여 전고국으로 보내면 전고국의 시험을 치른 뒤 해당 아문의 대신이 천서薦書를 승선원承宣院에 보내고 승선원에서 국왕의 재가를 받아 임용하도록 규정하였다.31)

한편, 갑오개혁 초기에는 지방관의 임용도 중앙관과 마찬가지로 천거에 의하여 하도록 규정되어 있었다. 즉, 1894년 7월 18일에 마련된 지방관공거규정地方官公擧規程에 따르면, 관찰사로부터 현감까지의 지방관은 다

---

30) 『고종실록』 권32, 31년 7월 14일 문관수임식.
31) 앞과 같은 조.

음과 같이 총리대신 및 각 아문의 대신·찬성·도헌의 공거를 거쳐 등용토록 하였던 것이다.

> 관찰사·유수·병사·수사 이하로부터 군수·현감 및 첨사僉使에 이르기까지의 관리는 총리대신이 각 아문衙門의 대신·찬성·도헌과 회동會同하여 협의, 공거한다. 2품 이 단망으로 아뢴 뒤 파견한다.32)

이러한 규정은 1896년(건양 원년) 4월 3일에 다음과 같은 지방관보천내규地方官保薦內規의 제정으로 개정되었다.

> 관찰사는 각 대신이 각기 1인씩을 천거하고, 각 부府의 참사관參事官 및 군수는 각 대신이 각기 3인씩을 천거한다. 각 관청의 칙임관은 각기 2인씩을 천거하여 내부內部로 이송하면 내부대신이 취사取捨하여 충임充任한다.33)

이처럼 관찰사와 군수 등의 지방관은 각 대신 등이 천거하여 내부로 보내면 내부대신이 취사하여 임용하도록 고쳐졌던 것이다.

위와 같은 지방관보천내규에 의하여 천거, 임용될 수 있는 자격은 같은 해 12월 6일에 칙령 제5호로 재가, 반포된 지방관리택용규칙地方官吏擇用規則에 구체적으로 명시되었다. 그 자격을 보면, 부府·부部의 판임관으로 36개월 근무하고 재주가 있는 자 및 문관, 양사兩司 이상을 역임한 자, 문文·음蔭·무武 6품 실직實職에 입사入仕하여 30개월 이상 된 자, 문·무과 합격자와 음사蔭仕 10년 이상 된 자34) 등으로 되어 있었다.

---

32) 『고종실록』 권32, 31년 7월 18일.
33) 앞의 책 권34, 건양 원년 4월 3일.
34) 앞의 책 권34, 건양 원년 12월 6일.

갑오개혁기에 마련된 이러한 지방관임용규정은 통감부 설치 이후 크게 바뀌었다. 1906년(광무 10년) 9월 24일 지방관관제가 개정됨과 동시에 새로운 지방관전고규정地方官銓考規程도 제정되어, 지방관전고위원의 전고를 거치지 않으면 지방관에 임용할 수 없도록 하였다.[35] 그러나 지방관전고규정은 1907년(광무 11년) 6월 20일 폐지됨으로써[36] 단 한 차례도 시행되지 못하였다.

앞에서 살펴본 바와 같이 갑오개혁 직후에 마련된 관리임용규정에는 의정부 소속의 2품 이상의 중앙관과 관찰사에서 현감에 이르기까지의 지방관, 그리고 병사 등의 무관을 임용할 경우 총리대신·대신 등의 천거를 먼저 거치도록 하였음을 알 수 있다. 이것을 통하여 갑오개혁 이후의 관리 등용에 있어서도 전 시기와 마찬가지로 천거가 커다란 비중을 차지하고 있었다고 하겠다.

2) 궁내부 관리의 천거

갑오개혁 직후에는 의정부 소속의 중앙·지방의 관리들과 마찬가지로 궁내부宮內府의 중요 관리들도 천거를 거쳐서 임용하도록 규정하였다. 잘 알려져 있는 바와 같이 갑오개혁기에 궁내부가 신설되었는데, 궁내부 관제에 의하면 궁내부에는 대신大臣(칙임관) 1명, 협판協辦(칙임관) 1명, 참의參議(주임관) 3명, 주사主事(판임관) 3명 등의 관원이 배치되었다. 그리고 궁내부 산하 기관의 하나로 국왕에 대한 강독講讀과 고명誥命을 담당한 경연청經筵廳에는 대학사大學士(칙임관), 학사學士(주임관), 부학사副學士(판임관) 각 1명, 시강侍講(칙임관)과 시독侍讀(판임관) 각 2명을 두도록 하였다. 또한 왕명王命의 출납出納을 맡은 비서기관인 승선원承宣院에는 승선承宣(칙임관)·기주記

---

35) 『관보』 부록(광무 10년 9월 28일).
36) 『관보』 3799호(광무 11년 6월 22일).

注(주임관)·기사記事(주임관) 등의 관리를 두었고, 어진御眞을 받들고 모훈謨訓과 도서圖書업무를 관장한 규장각奎章閣에는 학사(칙임관), 직학사直學士(주임관), 직전直殿(판임관), 대제待制(판임관) 등의 관리를 1명씩 배치하였다.37) 이들 관직은 모두 궁내부의 핵심 직책이었다.

당시에 제정된 궁내부 총제總制에 의하면, 이들 관직은 그 직책의 중요성을 감안하여 다음과 같이 천거를 받은 자를 임명토록 규정하였다.

一. 협판에 결원이 있으면 대신과 대학사가 회천會薦하여 의망擬望, 수점受點한다.
一. 대학사에 결원이 있으면 대신·대학사를 역임한 자, 시임時任 학사, 협판이 회천하여 의망, 수점한다.
一. 학사와 부학사에 결원이 있으면 대신·협판·참의 중 1명이 회천하여 의망, 수점한다.
一. 시강·시독은 부학사가 회천하여 궁내부에 단부單付로 보내어 의망, 수점한다.
一. 직전·대제는 규장각 학사 이하가 회천하여 궁내부에 단부로 보내어 의망, 수점한다.
一. 승선은 구례舊例에 따라 장長이 의망, 수점한다. 만약 신규로 임용하는 경우는 대신이 천거하여 의망한다.
一. 기주·기사는 전임자가 회천하여 궁내부에 단부로 보내어 의망, 수점한다.38)

이처럼 궁내부의 협판은 궁내부 대신과 경연청 대학사의 회천會薦을 받은 자들을 국왕에게 올려서 낙점을 받은 자를 임명하도록 하였다. 여기에서 회천은 관계자들이 관청에 모여서 회의를 통하여 중지를 모아 천거하

---

37) 『고종실록』 권32, 31년 7월 22일, 궁내부 관제.
38) 『고종실록』 권32, 31년 7월 22일, 궁내부 총제.

는 것을 말한다. 또한 경연청의 대학사에 임명되기 위해서는 우선 궁내부 대신, 전임 대학사, 시임時任 학사, 협판의 회천을 받아야 하였다. 또한 경연청의 학사와 부학사는 대신·협판·참의가 회천토록 하였고, 경연청의 하위직인 시강과 시독도 부학사의 회천을 거쳐서 임명케 하는 조처가 취해졌다. 그밖에 승선원의 승선·기주·기사와 규장각의 직전·대제 등도 회천을 거쳐서 임용토록 하였다. 이처럼 갑오개혁 직후에 마련된 궁내부 관리의 임용규정에서는 궁내부의 협판 이하 시독에 이르기까지 모두가 회천, 즉 천거를 받은 자를 발탁하도록 명시하였다. 다시 말하면, 궁내부의 중요 부서인 경연청·규장각·승선원 등의 핵심 관직은 천거를 통하여 적임자를 발탁하려고 하였던 것이다.

위에서 살펴본 것처럼 갑오개혁시에 단행된 관리등용제도개혁에서는 의정부 소속의 중앙·지방의 요직과 궁내부의 협판 이하 중요 관직을 임명할 때에 천거를 받아서 시행하도록 하는 개혁안이 마련되어 능력과 재주가 뛰어난 인재를 발탁하려고 했던 것이다.

3. 갑오개혁 이후의 현관천거제

앞에서 갑오개혁 당시에 개정된 의정부와 궁내부의 관리 등용에 대하여 살펴보았는데, 이러한 규정은 그 후 계속적으로 시행되다가 한말인 광무光武 8년(1904)에 이르러 대폭적으로 고쳐지게 되었다. 즉, 1904년 10월 18일에 중앙과 지방의 주임관 이상 관리의 임용시 공거公擧를 거치도록 하는 내외관직천임규칙內外官職薦任規則이 마련되었던 것이다. 이러한 내외관직천임규칙의 중요 내용은 다음과 같다.

 1조. 내·외직을 불문하고 주임관 이상의 임명은 공천公薦과 공의公議에
   의하여 시행한다.

2조. 내직은 주임관 국장 이하이니 주무 대신이 그 부의 관원과 회동會同하여 공천하거나, 가합인可合人을 천거하여 가부可否를 물어서 공의로 차출差出한다.

3조. 외직은 목사·부윤·군수이니 각 칙임관의 보천保薦으로 차출한다.

7조. 전·현직 정승과 현직 참정參政·찬정贊政·참찬參贊, 각 부의 대신, 중추원中樞院의 의장과 부의장은 각기 5명을 천거하고, 의정부·각부·중추원의 전직 대관大官은 각기 4명을 천거하며, 그밖에 현직 1·2·3 등의 관원은 각기 2명을 천거하고, 칙임 4등은 각기 2명을 천거한다.

8조. 매년 1월과 7월 말일 내에 천거를 하는 주천인主薦人이 천거서류인 천단薦單을 준비하되, 이력履歷을 기록하고 도장을 날인하여 1건을 내부와 의정부로 나누어 보낸다.

9조. 천거를 받는 응천인應薦人의 문지門地를 불구하고 오직 재주에 따라 취하되 자子·서壻·제弟·질姪에게 순사徇私하여 서로 청탁을 주고받아 재주없는 자를 함부로 천거하는 폐습은 엄하게 경계하여 한미한 유재遺才를 수용收用하려고 해야 한다.

10조. 내부대신은 천단을 보관하고 있다가 수령守令의 자리가 비면 응천인 가운데서 임용하되 각자의 이름 아래에 천주를 기록한다.

12조. 외직을 초서初敍하는 자는 4등을 넘지 말고 점차 승임陞任하며, 국장과 참서관 4등 이상은 3등을 득서得敍하고, 정3품 이상 정직正職의 실직實職을 역임한 자는 1·2등 초서超敍도 무방하다.

13조. 지방관이 죄를 범할 때에는 경중輕重에 따라 천주를 면관免官·감봉減俸·견책譴責하고 내부대신은 감등減等, 징계한다.

위에서 열거한 내외관직천임규칙에 의하면, 주임관奏任官 이상의 중앙·지방의 모든 관원의 임명시에는 공천 내지 보천保薦(보증천거)을 거칠 것을 규정하고 있다. 공천을 받아서 임명하는 관직의 범위는 중앙관은 국장 이하이고, 지방관은 목사·부윤·군수 등의 수령으로 되어 있었다. 보천을 받는 자는 덕망德望이 높고, 문필文筆이 뛰어나며, 재주와 도량이 있고, 전적前績이 우수해야 하였다. 또한 보천을 받을 수 있는 자격도 규정되어, 연령 20세 이상인 자, 주임관을 역임하거나 역임하고 있는 자, 6품 이상의 품계品階를 지니고 있는 자, 주임관이나 6품관이 아니더라도 판임관으로 30개월 이상 재직한 자 등으로 한정하였다. 이러한 보천의 자격규정을 볼 때 20세가 넘고 판임관 이상의 관직을 역임하였거나 재직하고 있는 자를 천거 대상으로 하고 있었음을 알 수 있다. 위의 규칙에서는 천거를 담당하는 천주薦主, 즉 거주擧主의 범위와 응천인應薦人, 즉 피천자被薦者의 인원수도 명시되었다. 즉, 위로는 전·현직 의정대신議政大臣인 정승으로부터 칙임관 4등까지의 관원들이 5명에서 2명까지의 인재들을 천거할 수 있었다. 천거의 시기도 정해져서 1월말과 7월말 두 차례 정기적으로 천거하도록 하였다. 천거서류인 천거단자는 내부와 의정부로 보내게 되는데, 이것을 받은 내부대신은 결원이 생기는 대로 따라서 주임관 1등에서 4등까지의 관직에 임명하게 되어 있었다.

내외관직천임규칙에서는 마지막으로 천거를 좀더 공정하게 하도록 하기 위한 조처를 마련하고 있었다. 이에 의하면, 아들·형제·사위·조카 등의 친인척에 대한 천거를 경계하면서, 특히 천거를 받아서 지방관에 임명된 자가 죄를 저지를 경우 그를 천거한 천주에게 해직에서 견책까지의 처벌을 가하도록 하는 거주연좌제도를 규정하였다.

앞에서 살펴본 바와 같이 갑오개혁 이후인 1904년에는 이전의 현관천거제를 대폭 개정하여 주임관 이상의 관직 임명시 공정하고 객관적인 천거를 거치도록 함으로써 능력을 구비한 인재를 등용하고자 하는 의지를 나타내었던 것이다.

V. 거주연좌제의 정비

1. 갑오개혁 이전의 거주연좌제

천거제는 덕행 등이 뛰어난 인재를 발탁한다는 좋은 취지에도 불구하고, 거주의 사사로운 정情이나 청탁 등에 의하여 부적격자를 천거하는 등의 폐단이 발생할 가능성이 크다는 문제점을 안고 있었다. 따라서 천거제의 성패成敗 여부는 이러한 한계점을 제거하고 최대한 공정하고 객관적으로 천거하는 데에 달려 있었다. 이 같은 목적을 달성키 위해 고안된 것이 바로 거주연좌제擧主緣坐制이다. 거주연좌제란 거주가 천거를 잘못했을 경우 거주에게 그 책임을 묻는 제도였다. 거주연좌제는 중국의 당唐·송宋에 그 기원을 두고 있는데, 우리나라에서는 고려시대에 본격적으로 실시되기 시작하여 조선시대를 거쳐 한말까지 이어졌다.

거주연좌제의 흔적은 중국의 당대唐代에서 찾을 수 있지만, 그것이 본격적으로 실시되기 시작한 것은 송대宋代 부터라고 할 수 있다. 송대의 강력한 거주연좌제는 보임제保任制, 즉 보거제保擧制의 중요한 특징이었다. 송대의 보임제는 관료의 임기가 찼을 때에 승진을 하게 되는 순자循資의 경우에 보증을 받아 승진토록 하는 순자보임循資保任과, 황제皇帝의 특조特詔에 의하여 지방장관이나 중앙의 근신近臣이 관료나 독서인讀書人을 특천特薦하는 특천보임特薦保任으로 나뉘어졌다. 이 두 가지 보임은 다 같이 거주가 피천자에 대한 신원을 보증하지만, 특히 특천보임의 경우 거주가 황제에 대하여 자신이 천거한 인물에 대한 상세한 거장擧狀을 올리게 되어 있으므로, 피천자에 대한 인적 사항을 자세히 파악함은 물론이고, 피천자가 임용된 후에도 모든 책임을 지게 되어 있었다. 즉, 천거한 거장의 내용과 임용된 후의 실적實績이 맞지 않을 경우에는 거주가 연대책임을 져야 하기 때문에 단순한 천거로 그치는 것이 아니라 피천자에 대한 보증적 성격을 강하게 내포하고 있었다.39) 이와 같은 송대의 거주연좌제는 고려에 큰 영향을 미쳤다.

고려에서도 천거제의 폐단을 시정하기 위하여 다양한 노력을 기울였는데, 그 방안의 하나로 채택된 것이 바로 거주연좌제였다. 고려시대에는 천거를 명하는 국왕의 교령을 내리면서 이와 동시에 천거가 잘못되었을 경우 거주를 처벌하도록 지시하였다. 거주처벌 지시가 처음 내려진 것은 목종穆宗 9년(1006)이었는데, 이 때 국왕은 문반文班 상참관常參官 이상으로 하여금 치민자治民者 1명씩을 천거토록 하면서 천거의 당부當否에 따라 거주에게 상벌賞罰을 가하도록 명하였다.40) 목종 이후에도 거주의 처벌을 명하는 국왕의 지시가 계속 내려져, 천거된 피천자가 관리에 임명된 후 업적이 별로 없거나, 적임자가 아닐 경우 거주에게 잘못 천거한 책임을 물어 처벌하도록 명하고 있다. 그러나 그 처벌 규정이 명확치 않고, 실제 처벌사례가 나타나지 않는 것으로 보아 거주연좌제가 단지 상징적인 수준에 머물러 제대로 실효를 거두지 못한 것 같다. 이 때문에 거주연좌제의 엄격한 적용을 촉구하는 대간臺諫의 건의가 고려 말기까지 거듭 제기되었다.

한편 고려시대에 거주연좌의 규정을 더욱 엄격하게 적용하려고 한 부분은 수령守令의 천거였다. 조정에서는 수령 후보자를 천거토록 하여 적임자를 수령에 임용하려 하였으나 소기의 성과를 거두지 못하자 거주연좌제의 적용을 통하여 천거의 공정성과 함께 엄격한 수령의 출척黜陟을 기하려고 시도하였다.

수령천거에 있어서의 거주연좌는 목종 때부터 적용되었지만, 공민왕 11년(1362) 10월에는 대간臺諫에서 다음과 같은 건의를 하기도 하였다.

---

39) 신채식, 『송대관료제연구』 삼영사, 1981, pp.224~225.
40) 『고려사』 권75, 선거지 3, 범선용수령조凡選用守令條.

전리田里의 휴척休戚은 수령에게 달려 있는데, 비록 대간臺諫·정조政曹로 하여금 보거하라는 영令이 있었으나 다 면식이나 정에 따라 천거하였기 때문에 심지어는 문자도 모르는 자들이 있습니다. 원컨대 이제부터는 대궐에서 인견引見하시고 그 명성과 실제를 살피셔서 적임이 아닌 자를 천거하였을 경우 거주를 반드시 처벌해야 할 것입니다.[41]

이 건의에는 특히 보거토록 했다는 말이 나오고 있는데, 보거는 거주를 연좌 처벌한다는 의미가 내포되어 있었으므로 보거와 거주연좌제는 상호 밀접한 관련을 갖고 있다고 하겠다. 즉, 보증 천거를 하였기 때문에 연좌 처벌이 가능한 것이며, 이런 의미에서 연좌제를 전제로 한 천거는 모두 보거의 성격을 띠고 있었다고 하겠다. 또한 보거와 거주연좌제를 도입한 것은 좀 더 엄격하고 공정한 천거를 실현하려는 의지의 표현이라고 할 수 있다.

우왕 9년(1383) 3월에도 사헌부에서 적임자를 수령에 임용토록 하기 위한 방편으로 공정한 천거를 제안하면서 아울러 수령의 출척黜陟과 거주연좌제를 병행할 것을 건의하였다.[42] 또한 우왕 때의 우간의대부右司議大夫 이숭인李崇仁도 상소를 올려 양부·대간과 육조로 하여금 수령을 천거토록 하되 적합하지 못한 자를 천거할 경우 거주를 처벌토록 건의한 바 있다[43]. 고려말기에 집중된 천거교령의 반포와 거주연좌제에 대한 이 같은 거듭된 강조는 오히려 천거제가 제대로 운용되지 못하고 있었다는 반증이라고 하겠다.

이와 같은 고려의 거주연좌제는 조선왕조에 그대로 계승되었다. 조선 개국 직후인 태조太祖 원년 7월에 내린 교서에서 수령의 천거를 당부하면서 수령은 "백성에게 가까운 관직이므로 중시하지 않을 수 없다. 도평의

---

41) 앞과 같은 조.
42) 앞과 같은 조.
43) 『고려사』 권115, 열전 28, 이숭인전.

사사都評議使司・대간・육조로 하여금 각기 아는 자를 천거케 하되, 부적합한 자를 천거하면 천거한 자에게 죄를 가하라."[44]라고 하여 잘못 천거할 경우 거주를 처벌토록 명하였던 것이다.

죄급거주지법罪及擧主之法이라 불리워진 조선의 거주연좌 규정은 이처럼 초기부터 수령의 천거에 적용되었으나, 3년마다 정기적으로 시행된 식년보거제에도 역시 적용되었다. 식년보거제에 있어서의 거주연좌규정은 태조 6년에 편찬된 『경제육전』經濟六典에 처음으로 명시되었다.

> 문반 6품, 무반 4품 이상의 관리는 3년마다 시산時散을 불구하고 1명씩 천거하되, 만약 사정私情에 따라 잘못 천거하거나 피천자가 탐오난정貪汚亂政하여 해를 백성에게 끼친 자는 법에 따라 처벌한다.[45]

이처럼 『경제육전』에는 거주가 사사로운 정에 따라 잘못 천거하거나 피천자가 탐오난정하여 백성에게 해를 미치게 한 경우 피천자는 물론 거주도 함께 처벌토록 규정되었던 것이다. 위와 같이 수령천거와 식년천거에 있어서의 거주연좌규정은 이후에 통합되어 『경국대전』 이전 천거조에 이르러 다음과 같이 등재되었다.

> 만약 피천자가 장오패상贓汚敗常의 죄를 범하면 거주도 함께 연좌된다.

이와 같이 『경국대전』에는 피천자가 장오패상贓汚敗常의 죄를 범했을 경우 거주도 함께 연좌시켜서 처벌하도록 명시되었던 것이다. 여기에서는 특히 패상敗常의 죄가 추가되었는데, 이는 유교윤리의 보급 내지 장려를 위한 조처였던 것으로 보인다.

---

44) 『태조실록』 권1, 원년 7월 정미.
45) 『세조실록』 권80, 20년 2월 기미.

조선시대에는 천거의 폐단을 방지하기 위하여 거주연좌제를 엄격히 규정하였으나, 이 제도가 제대로 시행되지 못하고 있다는 비난이 여러 차례 제기되었으며, 심지어는 거주연좌제가 땅에 떨어져 행해지지 못하고 있다는 지적까지 있었다. 이러한 실정이었으므로 학덕과 재능이 있는 인재들이 천거되지 못하여 천거제의 존재에 회의를 표시하는 의견이 자주 대두되었던 것이다. 이처럼 거주연좌제가 잘 시행되지 못했던 것은 거주들이 대개 고관이었으므로 국왕의 비호를 받아 처벌을 면할 수 있었고, 이 법을 엄격히 적용할 경우 천거가 제대로 이루어지지 못할 것을 염려했기 때문이었다.

지금까지 알아본 바와 같이 고려에서는 천거제의 문제점을 해소하기 위하여 송나라에서 시행된 거주연좌제를 도입하여 시행하였으며, 이것은 뒤에 조선으로 이어졌다. 이 제도는 천거를 좀더 공정하게 하도록 하려는 의도에서 실시되었지만, 대부분의 천거가 고관들에 의해 이루어진 관계로 그것의 엄격한 적용은 처음부터 기대하기 어려운 일이었다. 이 때문에 천거의 폐단이 사라지지 않고 계속 나타났던 것이다.

2. 갑오개혁 이후의 거주연좌제

앞 절에서 고려·조선시대의 거주연좌제에 대하여 살펴보았지만, 천거의 공정성과 객관성을 담보하기 위하여 시행된 이 제도는 여러 가지 이유로 그 소기의 성과를 거두지 못한 채 조선후기까지 그대로 이어졌다.

조선 후기에 접어 들어서서 조정에서도 이 문제를 심각하게 인식하여 영조英祖 때에는 각 도의 숨은 인재들을 천거토록 하면서 천거된 자의 명성과 실제가 서로 부합되지 않거나 연령을 속이는 자는 처벌한다.[46]라고

---

46) 『속대전』 권1, 이전 천거조.

하는 규정을 첨가하여 거주에 대한 처벌을 더욱 강화하고자 하였다. 그 후 정조正祖 때에는 처벌규정을 한층 구체화하여 잘못 보거한 자는 공거비기인율貢擧非其人律로 다스리고 관찰사와 수령은 파직한다. 수령이 장오贓汚의 죄를 범하면 천주는 파직하며. 죄가 중한 자는 삭직削職한다.[47] 라고 규정하였다. 이와 같이 정조 때에는 잘못 천거한 거주는 공거비기 인율로 처벌하거나 파직 내지 삭탈관직하고, 관찰사와 수령도 파직에 처하는 강경한 조처를 강구하였다. 여기에서 공거 비기인율은 『대명률』에 의하면, 이것을 어길 경우 장杖 80대에 처하도록 하는 규정[48]으로서 상당히 무거운 처벌이었다.

이처럼 조선 후기에 조정에서는 거주연좌제를 강화하였으나 여전히 천거의 문제점이 재연되곤 하였다. 이러한 문제점을 개선하기 위하여 당시의 식자識者들은 누구나 그 개선안을 제시하였는데, 그들 가운데 특히 실학자들은 한결같이 천거제 및 거주연좌제의 개혁방안을 제시하였다. 실학자 중 유형원柳馨遠은 과거제를 폐지하고 천거제를 전면적으로 실시할 것을 주장하면서 천거를 잘못한 거주는 그 관직을 파면하고 사정私情에 따라 고의로 재주가 없는 자를 천거한 경우에는 군주君主를 속인 죄로 처벌하자고 제안하였다.[49] 또한 이익李瀷은 거주에게 철저한 신상필벌信賞必罰의 원칙을 적용하여 천거를 잘 한 자는 자급資級을 올려주고 천거를 잘못한 자는 탈관奪官 내지 탈급奪級시켜야 한다고 주장하였다.[50] 그밖에 조선 말기의 실학자 최한기崔漢綺도 잘못 천거한 자는 자급을 깎아 내리거나 연좌법을 적용하고 어진 인재를 천거한 사람에게는 큰상을 주어야 한다는 방안을 제시하였다.[51]

---

47) 『대전통편』 권1, 이전 천거조.
48) 『대명률직해』 이률 권2, 직제.
49) 조원래, 「실학자의 관리등용법개혁론 연구」 『백산학보』 23, 1977, pp.277~282.
50) 앞과 같음.

조선후기 이래 전개된 거주연좌제에 관한 이 같은 조정에서의 법규의 강화와 실학자들의 개선방안은 갑오개혁에도 반영되었다. 그리하여 앞에서 살펴본 바와 같이 갑오개혁 직후 관리들을 공거토록 하는 한편, 공거를 좀더 공정하게 행하도록 하기 위한 조처로서 거주연좌의 규정을 군국기무처의 건의를 받아들여 다음과 같이 마련하였다.

> 모든 내외의 대소 관원을 선용選用할 때 비록 친족이라 하더라도 공거토록 한다.
> 의정부 전고국에서는 거주의 성명을 장부에 기록하였다가 관직을 받은 피천자가 죄를 범할 경우 재판을 거친 뒤에 죄의 경중에 따라 거주에게 감봉의 처분을 내린다.
> 감봉은 1개월에서 3개월까지로 한다. 현직에 있지 않는 자는 3개월에서 12개월까지의 정망停望에 처한다. 천거법을 엄격히 밝혀 공거를 중하게 여기도록 하여야 한다.52)

이처럼 갑오개혁시에 제정된 거주연좌제에서는 전고국에서 거주의 성명을 장부에 기록해두었다가 피천자가 관리가 된 후 죄를 저지를 경우 거주에게 1~3개월의 감봉처분을 내리도록 하였던 것이다. 여기에서 거주에게 부과한 감봉처분은 갑오개혁 직전까지 효력을 발생했던 『대전통편大典通編』에서 거주에게 공거비기인률을 적용하고 심지어는 거주를 삭직削職에 처하도록 한 규정에 비하여 상당히 완화된 것이라고 할 수 있다. 그러나 이것을 통하여 거주의 처벌을 통한 공정한 천거의 실시를 추구하고자 한 거주연좌제의 정신만은 엿볼 수 있다고 하겠다.

갑오개혁에서 다소 완화되었던 거주연좌의 규정은 이미 검토한 바 있

---

51) 최한기, 『인정』 권14, 선인문 1.
52) 『고종실록』 권32, 31년 8월 14일.

듯이 1904년 10월에 제정된 내외관직천임규칙에서 다시 강화되었다. 그리하여 천거를 받고 지방관이 된 피천자가 죄를 범했을 경우 거주를 면관免官까지 시킬 수 있도록 하였던 것이다.

앞에서 알아본 것처럼 갑오개혁 이후에는 천거를 거쳐서 관리를 임용토록 하면서 천거의 공정성을 기하기 위하여 거주연좌제를 적용하는 조처를 취하였다. 이러한 거주연좌제의 채용은 외부에서 도입하거나 갑자기 창안된 것이 아니라 고려시대 이래 내려온 거주연좌제의 규정과 정신을 계승한 것이었다.

Ⅵ. 맺음말

지금까지 갑오개혁 당시와 그 이후에 전개된 관리등용제도의 개혁과 천거제와의 관련에 대하여 살펴보았다. 여기에서는 본문의 내용을 요약, 정리함으로써 결론에 대신하도록 하겠다.

조선후기 이래 실학자·개화파 등에 의하여 과거제도의 폐지 내지 개혁방안이 제시되었으나 집권세력의 반대에 부딪혀 실현되지 못하다가 갑오개혁을 계기로 과거제도가 공식적으로 폐지되고 근대적인 시험제도가 새로운 관리등용제도로 채택되었다.

새로운 관리등용제도는 과거제도의 폐지가 단행된 직후인 1894년 7월 12일에 전고국조례銓考局條例와 선거조례選擧條例 등이 제정됨으로써 그 바탕이 마련되었다. 전고국조례에서는 전고국의 업무 및 시험의 종류와 시행방법 등에 관하여 규정하였다. 이에 의하면 전고국은 각 부府와 아문衙門에서 보낸 선거인選擧人을 고시考試하는 업무를 수행하도록 하였으며, 시험은 1차 시험에 해당되는 보통시험과 2차 시험이라고 할 수 있는 특별시험의 두 단계로 정하여졌다. 여기에서 선거인이란 각 부와 아문의 대신 大臣들이 품행이나 재주 등이 뛰어나다 하여 천거한 자들을 뜻한다. 이처럼 시험에 응시하려면 우선 대신들의 천거를 받아야 했다. 따라서 보통시험과 특별시험의 전 단계로 대신들에 의한 천거라는 절차를 거치도록 규정하였던 것이다. 이렇게 볼 때 새로운 시험제도는 고시제와 천거제를 결합한 형태였다고 하겠다. 이와 같이 두 제도를 융합시킨 것은 우수한 인재들을 적재적소에 발탁하려는 고심의 결과였던 것으로 보인다. 결국 전고국조례에서 규정된 등용방식은 새로운 고시제도에 종래의 천거제도가 가미된 형태를 띠었다고 하겠다.

전고국조례와 동시에 선거조례도 제정되었는데, 그 내용은 우선 각 부와 아문의 대신들이 해당 부처의 주임관·판임관 후보자들을 선취, 즉 천거하도록 하였다. 그 다음에는, 대신들이 후보자들을 선취할 때 신분이나 거주지 등을 가리지 말고, 품행·재주 등에 따라 선취하도록 규정하고 있다. 이처럼 신분을 따지지 않고 오직 능력에 의하여 인재를 선발하고자 한 것은 갑신정변이나 동학농민혁명에서 제기된 문벌타파와 인민평등의 정신을 구현한 것이라고 하겠다. 선취한 후에는 선취된 자들의 성명 등을 자세히 적은 선장選狀, 즉 천장薦狀을 발급하여 전고국으로 보내도록 하였다. 선거조례에서는 또한 선취된 자들로 하여금 보통시험과 특별시험에 응시하도록 하여 합격한 자들을 각 부와 아문에서 등용토록 규정하였다. 이와 같이 선거조례에서는 각 부와 아문의 대신들이 먼저 인재들을 천거하고 이들 가운데 보통시험·특별시험에 합격한 자들을 대신들이 등용토록 하였다.

그러나 인재들을 선취하기 위해서는 근대적 교육기관이 설립되어 신식교육이 이루어져야만 가능한 일이었다. 선거조례에서는 이 점을 감안하여 학교를 널리 설립하여 인재를 양성하기 전까지는 잠정적으로 조선후기 이래 시행되어온 향공법鄕貢法에 의하여 지방에서 인재들을 먼저 천거하여 올리도록 하고, 이들 가운데서 우수한 자들을 대신들이 선취하도록 하는 단서조항을 두었다. 이처럼 선거조례에서는 대신들로 하여금 해당 부처의 관리후보자들을 선취하도록 규정하였으나, 인재가 아직 양성되지 않았기 때문에 인재들이 양성되기 전까지는 잠정적으로 향공법에 의하여 지방의 인재들을 천거토록 하여 이들 가운데서 적임자를 대신들이 선취하도록 하였던 것이다.

갑오개혁 때 제정된 새로운 등용제도로 관리를 선발하기 시작한 것은 1905년 이후의 일이었으며, 1906년 10월에는 보통문관시험을 위한 문관전고소시험규칙文官銓考所試驗規則이 새로이 제정되었다. 이 규정에서는 시험을 정기시험과 임시시험으로 나누었는데, 여기에서도 갑오개혁시에 마련되었던 고시제도와 마찬가지로 정기시험에 응시하려면 의정부 참찬과 각 부의 협판 등의 천거를 받도록 하였다. 따라서 갑오개혁 이후에 제정된 모든 시험제도에는 원칙적으로 천거를 받은 이후 시험에 응시토록 함으로써 일관되게 고시제와 천거제의 결합 양상을 보여주고 있다. 이 점은 새로운 관리등용제도의 중요한 특징 중의 하나라고 하겠다.

갑오개혁 초기에는 지방관의 임용도 천거를 거쳐서 하도록 규정하였다. 즉, 1894년 7월에 마련된 지방관공거규정地方官公擧規程에 따르면, 관찰사로부터 현감까지의 지방관은 총리대신 및 각 아문의 대신·찬성贊成·도헌都憲의 공거公擧를 거쳐 임용토록 하였던 것이다. 이러한 규정은 1896년 4월에 지방관보천내규地方官保薦內規의 제정으로 개정되었다. 이에 의하면 관찰사와 군수 등의 지방관은 각 대신들이 천거하여 내부로 보내면 내부대신이 취사하여 임용하도록 고쳐졌다.

갑오개혁 직후에는 문관과 마찬가지로 법관도 시험과 천거를 통하여 임용하도록 하였다. 1895년 3월에 반포된 재판소구성법裁判所構成法에 따르면, 각 재판소의 판사·검사는 별도로 정한 사법관시험규칙司法官試驗規則에 따라 사법관시험에 급제한 자들을 법부대신法部大臣이 국왕에게 주천(奏薦)하여 임명토록 하였다. 이와 같이 각 재판소의 법관, 즉 판사와 검사는 사법관시험에 합격한 자들을 천거를 통하여 임용하도록 규정되었던 것이다.

한편, 현직관리를 천거에 의하여 등용하기 위한 제도인 조선후기 이래의 현관現官천거제는 갑오개혁을 맞이하여 관리등용제도 개혁의 일환으로 개정이 이루어졌다. 즉, 의정부와 궁내부의 관직 가운데 요직을 천거에 의하여 임명하도록 하는 개혁안이 마련되었다. 우선, 의정부 관리의 임용과 관련된 개혁안은 1894년 7월에 제정된 문관수임식文官授任式에 명시되었는데, 이에 의하면 2품 이상의 칙임관은 천거를 거친 후 임명토록 하였다. 즉, 칙임관은 의정부 총리대신이 각 아문의 대신, 의정부의 찬성·도헌과 회동하여 협의한 뒤 공거하며, 공거 받은 자들 3명을 국왕에게 올려서 그 가운데 낙점을 받은 자를 해당 칙임관의 자리에 임명토록 하였다. 이처럼 의정부의 고관을 임명할 때에는 총리대신과 각부 대신 등의 공거, 즉 공천을 먼저 행하도록 규정하였던 것이다. 그리고 관찰사·유수·군수·현감 등의 지방관과 병사·수사·첨사 등의 무관도 총리대신이나 대신들의 공거를 받도록 규정하였다. 따라서 갑오개혁 직후에 마련된 현직관리의 임용규정에는 의정부 소속의 2품 이상의 중앙관과 관찰사에서 현감에 이르기까지의 지방관, 그리고 병사 등의 무관을 임용할 경우 총리대신·대신 등의 천거를 먼저 거치도록 하였다고 하겠다.

갑오개혁 직후에는 의정부 소속의 관리들과 마찬가지로 궁내부宮內府의 중요 관리들도 천거를 거쳐서 임용하도록 규정하였다. 즉, 궁내부의 협판은 궁내부 대신과 경연청 대학사大學士의 회천會薦을 받은 자들을 국왕에게 올려서 낙점을 받은 자를 임명하도록 하였다. 또한 경연청의 대학사에 임명되기 위해서는 우선 궁내부 대신, 전임 대학사, 시임時任 학사, 협판의 회천을 받아야 하였다. 또한 경연청의 학사와 부학사는 대신·협판·참의가 회천토록 하였고, 경연청의 하위직인 시강과 시독도 부학사의 회천을 거쳐서 임명케 하는 조처가 취해졌다. 그밖에 승선원의 승선·기주·기사와 규장각의 직전·대제 등도 회천을 거쳐서 임용토록 하였다. 이처럼 갑오개혁 직후에 마련된 궁내부 관리의 임용규정에서는 궁내부의 협판 이하 시독에 이르기까지의 관리들을 회천, 즉 천거를 받은 자를 발탁하도록 명시하였다. 다시 말하면, 궁내부의 중요 부서인 경연청·규장각·승선원 등의 핵심 관직은 천거를 통하여 적임자를 발탁하려고 하였던 것이다.

갑오개혁 당시에 제정된 의정부와 궁내부 관리에 대한 임용 규정은 1904년에 이르러 크게 고쳐지게 되었다. 즉, 1904년 10월에 중앙과 지방의 주임관奏任官 이상 관리의 임용시 공거公擧를 거치도록 하는 내외관직천임규칙內外官職薦任規則이 마련되었던 것이다. 이에 의하면, 주임관奏任官 이상의 중앙·지방의 모든 관리의 임명시에는 공천 내지 보천保薦을 거칠 것을 규정하고 있다. 공천을 받아서 임명하는 관직의 범위는 중앙관은 국장 이하, 지방관은 목사·부윤·군수 등의 수령으로 되어 있었다. 보천을 받을 수 있는 자격은 20세가 넘고 판임관 이상의 관직을 역임하였거나 재직하고 있는 자로 하였다. 위의 규칙에서는 천거를 담당하는 거주擧主의 범위와 피천인被薦人의 인원수도 명시되어, 위로는 전·현직 의정대신議政大臣으로부터 칙임관 4등까지의 관리들이 5명에서 2명까지의 인재들을 천거할 수 있었다. 천거의 시기도 정해져서 1월말과 7월말 두 차례 정기적으로 천거하도록 하였다. 천거 후에는 천거서류인 천거단자를 내부와 의정부로 보내고, 이것을 받은 내부대신은 피천자를 주임관 1등에서 4등까지의 관직에 임명하게 되어 있었다. 이와 같이 주임관 이상의 관료를 임명할 때에는 천거를 거치도록 함으로써 관리등용상의 공정성과 객관성을 높이고자 하였던 것이다.

갑오개혁 직후에는 천거를 좀더 공정하게 행하도록 하기 위한 조처로서 거주연좌의 규정도 함께 마련하였다. 갑오개혁시에 제정된 거주연좌제에서는 전고국에서 거주의 성명을 장부에 기록해두었다가 피천자가 관리가 된 후 죄를 범할 경우 거주에게 1~3개월의 감봉처분을 내리도록 하였다. 이것을 통하여 공정한 천거의 실시를 추구하고자 한 거주연좌제의 정신을 엿볼 수 있다. 거주연좌의 규정은 1904년에 제정된 내외관직천임규칙에서 강화되어, 천거를 받고 지방관이 된 피천자가 죄를 지을 경우 거주를 면관(免官)까지 시킬 수 있도록 하였다. 이러한 거주연좌제의 채용은 외부에서 도입하거나 갑자기 창안된 것이 아니라 고려시대 이래 내려온 거주연좌제의 규정과 정신을 계승한 것이었다.

결론적으로, 갑오개혁 당시 및 그 이후에 단행된 관리등용제도 개혁과 천거제와의 관련성에 대한 검토를 통하여 우리는 새로운 관리등용제도에 천거제적인 요소가 다분히 내포되어 있었음을 확인할 수 있었다. 이는 조선후기의 천거제를 계승, 발전시킴과 아울러 실학자나 개화파의 주장을 수용한 결과였다. 또한 이러한 사실은 관리등용제도의 내용에 전통적이고 자율적인 측면이 많이 포함되어 있었음을 시사하는 것이라고 하겠다.

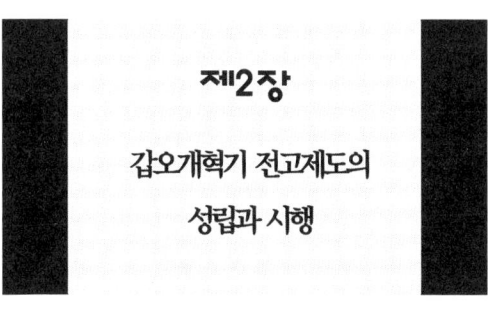

제2장
갑오개혁기 전고제도의 성립과 시행

Ⅰ. 머리말   Ⅱ. 문관전고제도   Ⅲ. 법관전고제도
Ⅳ. 지방관전제도   Ⅴ. 맺음말

Ⅰ. 머리말

1894년부터 전개된 갑오개혁으로 정치·경제·사회 등 각 분야에 대대적인 변혁이 초래되었다. 관리등용제도도 예외는 아니어서 조선왕조의 관료제도를 지탱해 왔던 과거제도科擧制度가 폐지되고, 근대적인 시험과목을 위주로 한 새로운 관리등용제도가 자리 잡게 되었다. 새로운 관리등용제도는 문관文官의 임용을 위한 문관전고소시험제도文官銓考所試驗制度, 즉 문관전고제도를 중추적인 제도로 하고, 그밖에도 판사·검사 등 법관法官의 선발통로인 법관전고소시험제도法官銓考所試驗制度(법관전고제도)와 지방관의 선발을 위한 지방관전고제도地方官銓考制度 등으로 짜여져 있었다.

문관전고제도는 갑오개혁 초기에 마련된 전고국조례銓考局條例와 선거조례選擧條例 등을 통하여 기본 골격이 세워진 후, 1906년(광무 10년) 10월에 제정된 문관전고소시험규칙文官銓考所試驗規則으로 확립되었다. 법관전고제도는 1895년(고종 32년)의 재판소구성법을 시작으로 하여 1906년에 제정된 법관전고규정과 법관전고세칙 등에 의하여 정비되어 갔다. 지방관 임용의 경우는 1906년 10월의 지방관전고세칙地方官銓考細則에 따라 시험규정이 마련되었다.

새로운 관리등용제도 가운데 문관전고는 1905년(광무 9년) 5월 이후 10여 차례 시행되어 40여명의 합격자를 배출하였다. 이들 합격자들은 합격 직후 내각의 판임관判任官으로 거의 모두 임용되었다. 법관전고는 1906년 12월에 단 한 차례 실시되어 12명을 합격시켰으며, 대부분의 합격자들은 지방재판소의 검사에 임용되었다. 그러나 지방관전고는 한 번도 치루어 지지 못한 채 1907년(광무 11년) 6월에 지방관전고규정이 폐지되고 말았다. 이처럼 갑오개혁 이후 등장한 새로운 관리등용제도는 지방관전고제도를 제외하고는 실질적으로 그 기능을 수행하였던 것이다.

이 논문에서는 이와 같은 새로운 관리등용제도의 성립과정과 그 시행 상황을 밝혀보려는 의도로 작성되었다. 이러한 작업을 통하여 한말韓末 관리등용제도는 물론, 정치제도 개혁의 성격 내지 의미를 다소나마 엿볼 수 있었으면 하는 바람이다.

Ⅱ. 문관전고제도

갑오개혁 이후 조선왕조의 중추적인 관리등용제도로 오랫동안 이어져 온 과거제도가 공식적으로 폐지되고 근대적인 시험제도가 새로운 관리등용제도로 채택되었다.

1894년(고종 31년) 6월 28일 전면적인 관제개혁이 단행된 직후 전고국조례銓考局條例 · 선거조례選擧條例 · 문관수임식文官授任式 등이 제정되어 새로운 관리등용제도의 골격이 마련되었다. 이 가운데 전고국조례에서는 다음과 같이 보통시험普通試驗과 특별시험特別試驗을 문관시험으로 규정하였다.

　一. 전고국銓考局은 부府와 아문衙門에서 보낸 선거인選擧人을 고시考試하는 업무를 관장한다. 그 시험에는 보통시험과 특별시험의 두 가지가 있다.
　一. 보통시험은 국문國文·한문漢文·사자寫字·산술算術·내국정內國政·외국사정外國事情·내정외사內政外事로 고시한다.
　一. 보통시험은 해당인의 선장選狀에 적혀 있는 바에 따라 재기才器를 파악하여 한가지로 고시한다.
　一. 보통시험 후 특별시험의 응시를 허락한다. 특별시험에 합격하지 않은 사람은 전고국에서 그를 선거選擧한 부府나 아문衙門에 통지通知한다. 합격한 자에게는 전시장銓試狀을 수여하고 해당 대신大臣으로 하여금 빙고憑考토록 한다.[1]

　이처럼 전고국조례에서는 문관시험의 종류를 보통시험과 특별시험으로 나누고 각 시험의 과목을 상세하게 명시하고 있다. 시험과목에는 종래 과거제도에서는 찾아 볼 수 없었던 국문(국어)·산술(수학)·내국정(국내정세)·외국사정 등이 새로이 포함되어 유교경전이나 시詩·문文 등의 고루한 지식이 아닌 근대적인 지식을 소유한 인재의 선발에 주안점을 두었음을 보여주고 있다. 또한 특별시험은 보통시험에 합격한 자에 한하여 응시할 수 있도록 제한하였으며, 특별시험에 합격한 자에게는 합격증서라 할 수 있는 전시장銓試狀을 수여한 뒤 해당 대신大臣으로 하여금 잘 살펴서 등용하도록 하였다.
　전고국조례와 함께 제정된 선거조례에 의하면, 각 부府와 각 아문衙門의 대신들이 품행이나 재주 등이 있는 자들을 먼저 선취選取하여 전고국으로

---

[1] 『고종실록』 권32, 31년 7월 12일.

보내면, 전고국에서 보통시험과 특별시험을 치러 그 합격자들을 각 부와 아문에서 징용徵用토록 하였다.2) 그런데 이와 동시에 마련된 문관수임식에서는 문관을 칙임관勅任官(정1품~종2품), 주임관奏任官(3품~6품), 판임관判任官(7품~9품)으로 나누고, 이 가운데 판임관만을 전고소시험으로 뽑도록 규정하였다.3)

이처럼 갑오개혁으로 과거제가 폐지되고 보통시험과 특별시험을 새로운 관리등용제도로 규정하고, 이를 통하여 관리를 선발하도록 했던 것이다. 그러나 새 등용제도는 인재양성 부진 등의 이유로 10여 년 간 한 차례도 실시되지 못하였다. 그 동안은 대신 천거薦擧를 통하여 관리를 임용하였던 것 같은데, 선거조례에 의하면 학교를 설립하여 인재를 양성하기 전에 천거에 의하여 관리를 선취하도록 단서조항을 두었던 것이다.

새로운 등용제도가 본격적으로 시행되기 시작한 것은 1905년(광무 9년) 문관시험제도의 정비 이후부터였다. 1905년 2월 26일 칙령勅令 제10호로 반포된 문관전고소규제文官銓考所規制에 의하면, 의정부에 문관전고소를 설치하고, 위원장, 위원 5명, 서기 약간 명을 두도록 되어 있었다. 위원장은 판임문관보통시험에 관한 사무를 관장하고, 위원은 위원장의 지휘를 받아 시험에 관한 사무를 관장토록 하였다.4)

이어서 같은 해 4월 24일에는 문관전고소규칙文官銓考所規則과 문관전고소세칙文官銓考所細則이 공포됨으로써 문관시험규정이 상세하게 마련되었다. 의정부령 제1호로 공포된 문관전고소규칙에는 문관시험의 응시자격, 시험과목, 시행과정 등이 명시되었다. 즉 응시자격은 만 20세 이상의 남자 가운데 각 학교를 졸업한 자로 정하였다. 시험은 초고初考와 회고會考의 두 종류로 나누었는데, 초고의 과목은 논문·공문公文·역사·지지

---

2) 앞과 같은 조.
3) 앞의 책 권32, 31년 7월 14일.
4) 『구한국 관보』(이하 관보라 함) 호외(광무 9년 3월 1일).

地誌·산술算術·이학理學 등이었고, 회고의 과목은 정치학·경제학·국제법·이학·사서四書·현행법제現行法制·현행법률現行法律 등이었다. 시험방법은 추첨면강面講 또는 수의문대隨宜問對로 되어 있었다. 원칙적으로 초고에 입격入格한 자에 한해서 회고에 응시할 자격이 부여되었지만, 예외적으로 각 관립학교 졸업자, 관립학교에 상당하는 사립학교 졸업자, 각 관청의 견습생見習生으로 3년 이상 근속한 자 등은 회고에 직부直赴할 수 있도록 하였다. 회고의 급제及第 인원은 1회에 30명 이하로 정하였다. 초고에 합격한 자에게는 입격증서를 주고 회고에 합격한 자에게는 급제증서를 수여토록 하였다. 또한 합격자 명단은 관보에 공고하도록 되어 있었다.[5]

이 시험규정과 1894년에 제정되었던 전고국조례와의 차이점을 보면, 우선 시험종류를 보통시험과 특별시험으로 나누었던 것을 초고와 회고로 고친 것을 들 수 있다. 다음은 시험과목에서 국문·한문·내국정·외국사정 등이 빠지고 논문·공문·지지·이학·경제학 등이 새로 추가된 것을 지적할 수 있다. 여기에서 특히 국문·한문·내국정을 제외시킨 것은 일제가 이미 우리민족의 문자·언어·역사의식을 말살하려는 의도를 가지고 있었음을 보여주는 것이라 하겠다.

한편 문관전고소세칙에 따르면, 문관시험에 응시하는 자는 소정양식에 의한 전고청원서와 이력서를 문관전고소 위원장에게 제출하도록 규정되었다.[6] 이러한 문관시험에 합격한 자는 판임관에 임용하도록 하였다. 1906년 9월 24일에 제정된 문관임용령文官任用令에 의하면 판임관에 임용될 수 있는 자격을 판임직에 1년 이상 근무한 자, 전고소합격증서가 있는 자, 관립고등학교 또는 학부대신이 동등 이상으로 인정한 공사립학교 졸업자, 5년 이상 고원雇員으로 동일 관청에 근속한 자 등으로 규정하였던

---

5) 『관보』 제3123호 (광무9년 4월 26일).
6) 앞과 같은 조.

것이다.[7]

문관전고소규칙이 제정된 지 1년 후인 1906년(광무 10년) 10월 25일에는 이것이 폐지되고 다시 의정부령 제2호로 보통문관시험을 위한 문관전고소시험규칙이 다음과 같이 마련되었다.

제1조 보통문관시험은 모두 본 규칙에 의한다.
제2조 시험은 다음의 두 종류로 나눈다.
　　一. 정기시험
　　一. 임시시험
제3조 정기시험은 매년 2회로 정하되 1회에 30인 이내로 선취選取한다.
제4조 임시시험은 각 부府와 부部에서 급속을 요하는 경우에 1인이라도 시취試取한다.
제5조 시험은 초고初考와 회고會考로 나눈다.
　　一. 초고는 수험인의 중등교육에 상당한 학력이 있는 지를 고시하며 과목은 다음과 같다.
작문作文 공문公文 또는 논문 필사筆寫해서楷書 또는 속사速寫 산술算術 필산筆算 또는 주산珠算
　　一. 회고는 수험인의 이학상理學上 원칙 및 현행법령에 밝고, 그 수득修得한 학력이 실무에 응용될 만한 재주를 고시하며 과목은 다음과 같다.
　　　법학 경제학 현행법령(택 1)
제6조 연령 18세 미만 자는 응시할 수 없다.
제8조 각 관청의 견습생으로 1년 이상 근속한 자는 초고를 면제한다.
제9조 정기시험에는 의정부 참찬參贊과 각 부 협판協辦 이상이 천거한다.
제10조 임시시험은 초·회고 과목을 합시合試할 수 있다.[8]

---

[7] 『관보』 부록 (광무 10년 9월 28일).
[8] 『관보』 3595호 (광무 10년 10월 27일).

이와 같이 문관전고소시험규칙에서는 시험을 정기시험과 임시시험으로 나누고 응시연령을 18세로 낮추며, 시험과목을 일부 조정하였다. 특히 시험과목을 작문·공문·필사·산술·주산 등 단순 실무능력만을 위주로 하고, 역사·지지地誌·국제법 등을 제외하였다. 이것은 일제가 한국의 역사지리는 물론 세계의 역사지리나 국제법 등에 대한 지식습득을 막고 단순한 실무만을 중시하는 풍토를 조성하려 했음을 보여주고 있다. 이처럼 통감부 설치 이후 일제는 문관시험제도의 개정을 통하여 우리 민족성을 약화시키는 동시에 그들의 식민지 지배에 충실히 봉사할 수 있는 하급관리를 임용하려 했음을 알 수 있다.

이제 앞에서 검토한 문관시험제도의 시행상황을 실제 사례를 통하여 살펴보도록 하겠다. 다음의 <표 1>에 나타나는 바와 같이 문관시험은 1905년(광무 9년) 이후 본격적으로 시행되어 정기시험 1회, 임시시험 15회 등 모두 16회 실시된 것으로 나타나고 있다. 정기시험은 1905년 5월에 단 1회 실시되었으며, 회고會考의 합격(급제)인원은, 1905년의 정기시험에서 30명, 1907년 이후 임시시험에서 매회 1~4명씩 모두 19명으로 총 49명이다.

〈표 1〉 문관전고시험 회고 합격자 일람

시험실시 일자	합격자수	합격자 명단	비고	전거
1905. 5. 18	30	홍종길(洪鍾佶) 홍승준(洪承駿) 김이현(金怡鉉) 김원우(金元祐) 김상익(金相益) 심노욱(沈魯旭) 이윤희(李允熙) 오영전(吳永田) 윤홍식(尹弘植) 송지헌(宋之憲) 권병규(權秉圭) 노 일(盧 鎰) 이대용(李大容) 안병수(安東洙) 김공식(金公植) 이민갑(李敏甲) 이상원(李相元) 이시후(李始厚) 권갑수(權甲洙) 최영구(崔榮玖) 권순익(權純翊) 김완진(金完鎭) 이종항(李鍾恒) 고병두(高丙斗) 홍재진(洪在農) 이봉종(李鳳鍾) 김병술(金秉述) 허 ?(許 ?)	정기시험	구한국관보 3144호

		팽종헌(彭鍾獻) 유길수(柳吉秀)		
1907. 5. 6	2	김기성(金基晟) 김용진(金瑢鎭)	임시시험	관보 3760호
1907. 8. 13	1	임양온(林樑瑥)	임시시험	관보 3845호
1907. 10. 23	4	육정수(陸定洙) 박충서(朴忠緖) 김광혁(金光爀) 서상신(徐相臣)	임시시험	관보 3909호
1907. 12. 20	2	강신영(姜信英) 이영상(李永相)	임시시험	관보 3974호
1908. 2. 4	1	이원창(李源昌)	제6회 임시시험	관보 3991호
1908. 2. 11	2	구연학(具然學) 홍종기(洪鍾驥)	제7회 임시시험	관보 3998호
1908. 6. 12	1	이 황(李 煌)	제8회 임시시험	관보 4101호
1908. 8. 21	1	이보상(李輔相)	제9회 임시시험	관보 4160호
1908. 12. 9	1	안택희(安宅熙)	제10회 임시시험	관보 4250호
1909. 1. 19	1	양조환(梁曹煥)	제11회 임시시험	관보 4280호
1909. 4. 23	1	안종오(安鍾五)	제12회 임시시험	관보 4365호
1910. 1. 12	1	유인설(柳寅卨)	제14회 임시시험	관보 4576호
1910. 1. 26	1	박찬면(朴贊勉)	제15회 임시시험	관보 4588호

다음의 <표 2>에는 문관시험(회고) 합격자 49명 중 『대한제국관원이력서』에 경력사항이 기재되어 있는 30명의 이력을 정리하였다. 이에 의하면 먼저 합격자들의 출생연도는 1860년대 5명(16.7%), 1870년대 15명(50.0%), 1880년대 10명(33.3%)으로 절반정도가 1870년대 출생자들임을 알 수 있다. 그들의 합격 당시 연령을 보면, 22세부터 41세까지 분포되어 있고, 평균연령은 30세로 나타나고 있다. 이를 연령대별로 나누면, 20대가 14명(46.7%), 30대 15명(50.0%), 40대 1명(3.3%)으로 20대 내지 30대가 대부분이었다. 합격자들의 거주지 분포를 보면, 한성(서울) 거주자가 15명으로 과반수를 차

지하였고, 그 다음은 경기 5명, 충남 4명, 충북 2명이었다. 그밖에 전남·경북·강원·함북은 각각 1명씩으로 나타나고 있어 대부분의 합격자들이 서울과 경기, 충청도 출신임을 알 수 있다. 교육정도를 보면, 가숙家塾과 근대교육기관 출신이 각각 절반씩으로 한학 등의 전통교육과 신식교육을 받은 이들이 고르게 분포되어 있다. 신식교육기관 출신은, 한성사범학교 등의 각종 관립학교 출신이 8명(26.7%)이었고 각종 사립학교 출신이 6명(20.0%)이었다. 합격자들은 각 기관의 주사(판임관) 등 관직을 지니고 있던 유직자有職者들과 관직이 없는 무직無職 상태에서 합격한 자들이 거의 같은 비율을 이루고 있었다.

문관전고 회고 급제자들은 합격자 발표 후 수일 또는 수개월 이내에 전원 관리로 임용된 것으로 나타나고 있다. 임용된 관직을 보면, 의정부 내지 내각의 주사主事 또는 서기랑書記郞(판임관 6~8급봉)이 25명(83.3%)으로 대부분을 차지하였고, 그 밖에는 내각의 기수技手(판임관)나 관립학교 교원(판임관)에도 극히 일부가 임용되었다. 이것을 통하여 대한제국기의 새로운 관리등용제도인 문관전고제도가 실제로 그 기능을 발휘하여 관리임용의 일익을 담당하였음을 알 수 있다

〈표 2〉 문관전고시험 회고 합격자의 이력

성 명	합격 일시	본관	출생 연도	합격시 연령	거주지	출신학교	전직	합격직후 관직		
								임용 일자	관직	관등
홍종길 洪鍾佶	1905. 5.18	남양	1871	34	한성	가숙	무직	1905. 12.16	의정부 주사	판임7급
홍승준 洪承駿	1905. 5.18	풍산	1880	25	강원 원주	관립 중학교	중학교 교관	1906. 1.6	내부 주사	판임7급
김이현 金怡鉉	1905. 5.18	광산	1872	33	한성	법관 양성소	양지아문 위원	1905. 12.21	탁지부 주사	판임8급
심노욱 沈魯旭	1905. 5.18	청송	1877	28	경기 지평	사립 중교의숙	무직	1906. 1.12	평리원 주사	판임8급

이윤희 李允熙	1905. 5.18	연안	1882	23	한성	사립보광 학교	혜민원 주사	1905. 12.19	학부 주사	판임8급
오영전 吳永田	1905. 5.18	보성	1866	39	충북 청주	가숙	무직	1905. 12.12	농상공부 주사	판임8급
윤홍식 尹弘植	1905. 5.18	파평	1875	30	충남 대흥	관립한성 사범학교	장릉 참봉	1905. 12.19	학부 주사	판임8급
성지헌 宋之憲	1905. 5.18	은진	1872	33	한성	가숙	내부 주사	1905. 12.20	내부 주사	판임7급
노 일 盧 鎰	1905. 5.18	장연	1866	39	경기 광주	가숙	무직	1906. 3.29	탁지부 주사	판임8급
김공식 金公植	1905. 5.18	청풍	1873	32	경기 양주	가숙	무직	1907. 5.31	학부 주사	판임7급
이민갑 李敏甲	1905. 5.18	함평	1869	36	충남 덕산	가숙	무직	1906. 12.10	중추원 주사	판임7급
이상원 李相元	1905. 5.18	합천	1864	41	한성	관립한성 사범학교	소학교 교원	1906. 3.29	감리서 주사	판임7급
권갑수 權甲洙	1905. 5.18	안동	1874	31	한성	외부 견습생	무직	1905. 7.22	외부 주사	판임7급
최영구 崔榮玖	1905. 5.18	해주	1866	39	함북 무산	가숙	무직	1906. 10.20	탁지부 주사	판임7급
김완진 金完鎭	1905. 5.18	안동	1877	28	한성	가숙	내부 주사	1907. 7.2	내부 서기랑	판임8급
이종항 李鍾恒	1905. 5.18	경주	1878	27	충북 제천	사립중교 의숙	무직	1905. 12.23	농상공부 기수	판임8급
이봉종 李鳳鍾	1905. 5.18	전주	1883	22	한성	가숙	전보사 주사	1905. 12.21	탁지부 주사	판임7급
허 ? 許 ?	1905. 5.18	김해	1870	35	경북 선산	가숙	제릉 참봉	1907. 6.19	군부 주사	판임8급
팽종헌 彭鍾獻	1905. 5.18	용강	1882	23	한성	관립흥현 중학교	관립중학 교교관	1906. 10.10	한성사범 학교 부교관	판임7급
유길수 柳吉秀	1905. 5.18	전주	1872	33	한성	가숙	온릉 참봉	1905. 12.23	농상공부 기수	판임7급
김기성 金基晟	1907. 5.6	상산	1882	25	한성	가숙	무직	1907. 5.17	탁지부 주사	판임7급
김용진 金瑢鎭	1907. 5.6	안동	1880	27	경기 여주	가숙	무직	1907. 5.7	의정부 주사	판임7급
임양온 林樑瑥	1907. 8.13	조양	1870	37	전남 보성	가숙	무직	1907. 8	법부 서기랑	판임7급
서상신 徐相㠀	1907. 10. 23	달성	1884	23	한성	일본 유학	무직	1908. 1.1	내부 주사	판임6급
이영상 李永相	1907. 12.20	용인	1882	25	한성	사립보광 학교	학부위원	1908. 1.5	학부 주사	판임7급

이원창 李源昌	1908. 2.4	용인	1886	22	한성	사립보명 의숙	전보사주 사	1908. 2.5	내각 주사	판임6급
구연학 具然學	1908. 2.11	능성	1874	34	충남 해미	가숙	군부 번역관보	1908. 2.27	내각 주사	판임6급
홍종기 洪鍾驥	1908. 2.11	남양	1878	30	충남 회덕	사립 일어학교	성균관박 사	1908.	농상공부 서기랑	판임7급

(국사편찬위원회 편,『대한제국관원이력서』, 1955에 의함)

Ⅲ. 법관전고제도

갑오개혁으로 인하여 사법제도에도 커다란 변혁이 뒤따랐다. 사법제도의 개혁은 1895년(고종 32년) 3월 25일 법률 제1호로 반포된 재판소구성법裁判所構成法으로 처음 이루어졌다. 이 법에 의하면 전국의 재판소는 지방재판소, 한성 및 인천과 기타 개항장 재판소, 순회재판소, 고등재판소, 특별법원 등 5종을 설치하도록 규정되었다. 각 재판소에는 판사·검사·서기 및 정리廷吏를 두도록 하였다. 또한 각 재판소의 판사·검사는 별도로 정한 사법관시험규칙司法官試驗規則에 따라 사법관시험에 급제한 자들을 법부대신法部大臣이 국왕에게 주천奏薦하여 임명토록 하였다.[9]

법관임용규정은 1900년(광무 4년) 4월 27일에 칙령 제12호로 반포된 무관급사법관임명규칙武官及司法官任命規則에 의하여 개정되었다. 즉, 법관은 법률학교 졸업자를 법부시험을 거친 후 임명토록 하고, 사법사무에 능통한 자는 법률학교 졸업증서가 없더라도 바로 임명할 수 있었다.[10] 통감부가 설치된 후인 1906년 10월 26일에는 칙령 제63호로 법관전고규정法官銓考規程이 공포되어 각 재판소의 판사·검사는 일정한 자격을 갖춘 자로서 법관전고위원의 전고시험을 거쳐 임용토록 다시 개정되었다.[11]

---

9) 『고종실록』 권33, 32년 3월 25일.
10) 『관보』 1538호(광무 4년 4월 3일).

법관전고규정이 반포된 직후인 1906년 11월 6일에는 법관전고세칙法官銓考細則이 법부령法部令 제5호로 마련되어 법관시험에 관한 규정이 좀 더 구체화되었다. 이에 의하면 법관전고위원의 시험을 거쳐 판사·검사로 임용될 수 있는 자격이 다음과 같이 정해졌다.

1. 법관양성소에서 2년 미만의 과정을 졸업한 자와 내·외국 법률학교에서 2년 이상의 과정을 졸업한자.
2. 각 재판소 전임판사나 검사로 1년 이상 계속 근무한 자.
3. 법부 민사국·형사국의 국·과장으로 1년 반 이상 계속 근무한 자와 법관양성소의 교관으로 1년 이상 계속 교수한 자.
4. 법부 민사국·형사국의 주사나 평리원·한성재판소의 주사로 3년 동안 계속 근무한자.
5. 변호사로 1년 이상 계속 근무한 자.

또한 시험과목은 행정법의 대의大意, 민법, 민사소송법, 형법, 형사소송법, 상법의 대의, 국제법의 대의, 경제학의 대의 등 8과목이었다. 시험에 합격한 자에게는 증서를 수여하고, 시험차례와 성적순에 따라 결원이 있을 때 임용토록 규정하였다.[12]

앞에서 살펴 본 규정에 따라 첫 번째의 법관전고시험이 1906년 12월에 실시되어 그 합격자 12명의 명단이 같은 달 5일에 발표되었다.[13] 합격자들 가운데 10명이 그 달 10일과 27일에 각 도 재판소의 검사로 임명되었고, 1명만이 17일에 법관양성소 교관에 임명되었다. 임명상황은 다음과 같다.

---

11) 『관보』 3598호(광무 10년 10월 31일).
12) 『관보』 3610호(광무 10년 11월 14일).
13) 『관보』 3634호(광무 10년 12월 12일).

홍면희(洪冕熹)(평리원 주사) → 충청북도재판소 검사(주임관 4등)
윤헌구(尹憲求)(법관양성소 교관) → 전라북도재판소 검사
김돈희(金敦熙)(표훈원 주사) → 전라남도재판소 검사
박준성(朴準性)(법부 주사) → 경상남도재판소 검사
홍우기(洪祐蘷)(한성재판소 주사) → 황해도재판소 검사
안병찬(安秉瓚)(6품) → 평안북도재판소 검사
김종호(金鍾濩)(품) → 평안남도재판소 검사
홍순용(洪淳瑢)(한성재판소 주사) → 전라남도재판소 검사
심종대(沈鍾大)(평리원 주사) → 경기재판소 검사
권혁채(權赫采)(전 박사) → 함경북도재판소 검사
이한길(李漢吉)(전 교관) → 법관양성소 교관(판임관 7급봉)[14]

(괄호 속은 직전직直前職. 1명의 임용여부는 미상)

　법관시험에 합격한 12명 중 『대한제국관원이력서』에 기재되어 있는 7명의 이력을 <표 3>에 정리하였다. 이 표에 의하면 합격자들의 출생연도는 대부분 1870년대이고, 그들의 합격당시 연령은 20대 내지 30대였던 것으로 나타나고 있다. 합격당시 연령은 최하 21세부터 최고 36세까지 분포되었고, 평균연령은 30세이다. 그들의 거주지는 한성이 절반 이상을 차지했고, 그 밖에는 경기도와 황해도 출신이 약간 포함되어 있었다. 합격자들은 또한 모두가 법관양성소 졸업자인 것으로 나타나고 있다. 이들은 법관시험에 합격하기 전 모두가 관직을 지니고 있었는데, 법관양성소 교관(4명), 법부 주사(1명), 한성재판소 주사(1명) 등 거의 모두 법부 및 그 산하기관 소속이었다.

---

14) 『관보』 3635호(광무 10년 12월 13일) ; 3638호(광무 10년 12월 17일) ; 3650호(광무 10년 12월 31일).

〈표 3〉 법관전고 합격자의 이력

성명	합격일시	본관	출생연도	합격시연령	거주지	출신학교	전직	합격직후 관직	
								임용일자	관직
김돈희 金敦熙	1906. 12. 5	경주	1870	36	한성	법관양성소	주전원 주사	1906. 12. 10	검사 (주임4등)
김종호 金鍾濩	1906. 12. 5	김해	1875	31	황해도 연안	법관양성소	법관양성소 교관	1906. 12. 10	검사 (주임4등)
윤헌구 尹憲求	1906. 12. 5	해평	1871	35	경기 장단	법관양성소	법관양성소 교관	1906. 12. 10	검사 (주임4등)
홍우기 洪祐夔	1906. 12. 5	풍산	1879	27	한성	법관양성소	한성재판소 주사	1906. 12. 10	검사 (주임4등)
권혁채 權赫采	1906. 12. 5	안동	1879	27	한성	법관양성소	법관양성소 교관	1906. 12. 27	검사 (주임4등)
박준성 朴準性	1906. 12. 5	밀양	1874	32	경기 죽산	법관양성소	법부 주사	1906. 12. 10	검사 (주임4등)
이한길 李漢吉	1906. 12. 5	전의	1885	21	한성	법관양성소	법관양성소 교관	1906. 12. 10	법관양성소 교관 (판임7급)

(『대한제국관원이력서』에 의함)

한편 1909년(융희 3년) 4월에는 기존의 법관전고규정이 폐지되고, 새로이 법관임용령法官任用令이 제정되어 처음으로 사법시험제도司法試驗制度가 도입되었다. 이에 따라 판사·검사 등의 법관은 원칙적으로 사법시험에 합격한 자, 법관양성소 졸업자, 외국대학의 법률학과 졸업자 등을 법관전형위원法官銓衡委員의 전형을 거쳐 임용토록 규정되었다.[15] 법관임용령이 제정된 직후 법관전형규칙과 사법시험규칙이 잇따라 제정, 반포되었다.

법관전형규칙에 의하면, 법부法部에 7명 이하의 법관전형위원을 두되, 위원장 및 위원은 법부 주임관 이상 및 판사·검사 중에서 법부대신이 임명토록 하였다.[16] 또한 사법시험규칙에서는 사법시험 응시 대상자를 만

[15] 『관보』 4347호(융희 3년 4월 10일).

20세 이상의 본국인本國人 남자로 규정하였다. 사법시험 지원자는 청원서에 이력서를 첨부하여 법부에 제출하고 수수료를 납부토록 되어 있었다. 사법시험은 필기와 구술口述의 두 가지로 치르되, 구술시험은 필기시험에 합격한 자에 한하여 보도록 하였다. 필기시험과목은 민법·상법·형법·민형소송법·행정법·국제법이었고, 구술시험은 필기시험 과목 중 3과목 이상으로 치르도록 하였다. 시험합격자는 관보에 공고하고 합격자에게는 합격증서를 수여하도록 규정하였다.[17]

이러한 사법시험규칙에 의하여 1909년 10월 13일에 제1회 사법시험이 광화문의 법관양성소에서 치루어졌다. 그 결과 7명의 합격자 명단이 그 달 21일에 발표되고,[18] 합격자들은 대부분 다음과 같이 같은 달 23일에 구재판소區裁判所 판사에 임용되었다.

김기현金基賢 → 양주구재판소 판사   정준모鄭浚謨 → 재령구재판소 판사
유완영柳完永 → 장흥구재판소 판사   엄 식嚴 定 → 의성구재판소 판사
이규남李圭南 → 고부구재판소 판사   윤세영尹世榮 → 영덕구재판소 판사[19]

이들과 함께 합격하였지만 판사에 임용되지 못한 이종하李琮夏는 10월 30일에 변호사로 등록하였다.[20]

앞에서 살펴본 사법시험규칙은 1909년 10월 28일 법부의 폐지와 함께 법관임용령이 폐지됨으로써[21] 단 한 차례밖에 시행되지 못하고 말았다.

---

16) 『관보』 4360호(융희 3년 4월 26일).
17) 앞과 같은 조.
18) 『관보』 4513호(융희 3년 10월 25일).
19) 『관보』 4519호(융희 3년 11월 1일).
20) 『관보』 4523호(융희 3년 11월 6일).
21) 『관보』 4517호(융희 3년 10월 29일).

Ⅳ. 지방관전고제도

갑오개혁 초기에 지방관의 임용은 다른 문·무관과 마찬가지로 천거에 의하여 하도록 규정되어 있었다. 즉, 1894년 7월 18일에 마련된 지방관공거규정地方官公擧規程에 따르면, 관찰사로부터 현감까지의 지방관은 총리대신 및 각 아문의 대신·찬성·도헌의 공거公擧를 거쳐 임용토록 하였던 것이다.[22]

이러한 규정은 1896년(건양 원년) 4월 3일에 다음과 같은 지방관보천내규地方官保薦內規의 제정으로 개정되었다.

> 관찰사는 각 대신이 각기 1인씩을 천거하고, 각 부府의 참사관參事官 및 군수는 각 대신이 각기 3인씩을 천거한다. 각 관청의 칙임관은 각기 2인씩을 천거하여 내부로 이송하면 내부대신이 취사取捨하여 충임充任한다.[23]

이처럼 관찰사와 군수 등의 지방관은 각 대신들이 천거하여 내부로 보내면 내부대신이 취사하여 임용하도록 고쳐졌던 것이다.

위와 같은 지방관보천내규에 의하여 천거, 임용될 수 있는 자격은 같은 해 12월 6일에 칙령 제5호로 재가, 반포된 지방관리택용규칙地方官吏擇用規則에 다음과 같이 구체적으로 명시되었다.

1. 부府·부部의 판임관으로 36개월 근무하고 재주가 있는 자 및 문관 양사 兩司 이상을 역임한 자.
2. 문文·음蔭·무武 6품 실직實職에 입사入仕하여 30개월 이상 된 자.
3. 문·음·무과 합격자와 음사蔭仕 10년 이상 된 자.[24]

---

22) 『고종실록』 권32, 31년 7월 18일.
23) 앞의 책 권34, 건양 원년 4월 3일.

갑오개혁기에 마련된 이 같은 지방관임용규정은 통감부 설치 이후 크게 바뀌었다. 1906년(광무 10년) 9월 24일 지방관관제가 개정됨과 동시에 새로운 지방관전고규정地方官銓考規程도 제정되었다. 칙령 제50호로 반포된 지방관관제에 의하면, 각 도에는 관찰사(칙임관), 참서관(주임관), 경무관(주임관) 각 1인, 주사(판임관) 5인 이하, 총순總巡(판임관) 4인 이하를 두도록 되어 있었다. 또한 부府에는 부윤(칙임관 또는 주임관), 참서관 1인, 주사 3인 이하, 총순 1인을 두고, 군郡에는 군수(주임관) 1인, 주사 1인을 배치하도록 규정하였다.25)

이러한 지방관관제 개정과 함께 지방관 임용을 위해 제정된 지방관전고규정의 내용을 보면, 제1조는 모든 지방관의 임용은 먼저 지방관전고위원의 조사를 거치도록 규정하였다. 전고위원의 조사 후에는 다음 절차에 의하여 임명토록 하였다.

> 칙임관은 내부대신이 의정부 회의에 제출하여 의정대신을 거쳐 상주봉칙上奏奉勅한다.
> 주임관은 내부대신이 의정대신을 거쳐 상주한다.
> 판임관은 내부대신이 전행專行한다.

제2조는 지방관전고위원의 설치에 관해서 규정하고 있다. 즉, 지방관전고위원은 내부에 설치하고 그 위원은 내부의 협판 · 지방국장 · 참여관, 각 부府 · 부部의 현임現任 칙임관 4인으로 한다라고 하였다. 제3조에서는 일정한 자격을 갖춘 자로서 지방관전고위원의 전고를 거치지 않으면 지방관에 임용할 수 없도록 하였다. 그밖에 제7조에서는 지방관전고위원이 필요하다고 인정할 때에는 시험을 행할 수 있도록 규정하였다.26)

---

24) 앞의 책 권34, 건양 원년 12월 6일.
25) 앞의 책 권47, 광무 10년 9월 24일; 『관보』 부록(광무 10년 9월 28일).

위와 같은 지방관전고규정을 보완키 위해 1906년 10월 19일에는 지방관전고세칙地方官銓考細則이 반포되었다. 이 세칙의 제3조에는 시험을 행할 경우의 시험과목이 나와 있다. 즉 법률경제의 대의大意, 지방제도의 대요大要, 회계예산의 대항大項, 지리역사, 문필文筆, 외국어, 그리고 위원이 필요하다고 인정하는 과목이 그것이었다.27)

이러한 지방관임용로로서의 시험규정은 1907년(광무 11년) 6월 20일에 지방관전고규정이 폐지됨으로써28) 한 차례도 시행되지 못한 채 폐지되었다. 이에 따라 지방관은 문관전고소시험이나 문관임용령에 의하여 임용되게 되었다. 그러나 군수의 경우는 1908년(융희 2년) 6월부터 시행된 군수임용령郡守任用令에 의하여 임용하도록 고쳐졌다.29)

V. 맺음말

갑오개혁 이후 과거제도를 대신하여 등장한 새로운 관리등용제도는 문관전고제도를 근간으로 하면서 그 밖에 법관전고제도와 지방관전고제도 등으로 이루어져 있었다.

문관전고제도의 모태는 갑오개혁 직후에 제정된 전고국조례에 담겨 있었다. 이에 의하여 전고국에서 보통시험과 특별시험을 치뤄 그 합격자들을 관리로 등용하도록 규정되었다. 그 후 1905년의 문관전고소규제 · 문관전고소규칙 · 문관전고소세칙 등에 이어 1906년에 문관전고소시험규칙이 제정됨으로써 문관전고제도가 확립되기에 이르렀다. 문관전고소시

---

26) 『관보』 부록(광무 10년 9월 28일).
27) 『관보』 3595호(광무 10년 10월 27일).
28) 『관보』 3799호(광무 11년 6월 22일).
29) 『관보』 4106호(융희 2년 6월 22일).

험규칙에 의하면, 보통문관시험은 정기시험과 임시시험의 두 종류로 하고 이를 다시 초고와 회고로 나누어, 초고 합격자에 한하여 회고 응시자격을 부여하였다. 초고의 시험과목은 작문·공문·필사·산술·주산 등이었고 회고의 과목은 법학·경제학·법령 중 한 과목을 선택하게 되어 있었다. 시험응시 연령은 18세 이상으로 제한되었다.

전고국조례의 제정에도 불구하고 10여 년 동안 단 한 차례의 시험도 실시되지 못하다가 1905년부터 문관시험이 본격적으로 치루어지게 되었다. 그리하여 1905년 이후 1910년 까지 1회의 정기시험과 15회의 임시시험이 치루어져 모두 49명의 합격자를 배출하였다.

이 합격자들의 평균연령은 30세로, 한성에 거주하면서 한성사범학교 등에서 신식교육을 받은 사람들이 다수를 이루고 있었다. 이들은 합격직후 거의 모두가 판임관직인 내각의 주사 또는 서기랑에 임용되었다.

법관전고제도는 1895년의 재판소구성법에서 출발하여 1906년의 법관전고세칙을 거치면서 제도적으로 완비되었다. 그리하여 법관양성소 졸업자 등이 법관전고위원의 시험을 거쳐 판사·검사 등의 법관으로 임용될 수 있도록 규정되었다. 그 시험과목은 행정법·민법·형법 등 모두 8과목으로 되어 있었다.

이러한 법관전고제도에 따라 1906년 12월에 그 첫 시험이 실시되어 12명을 합격시켰다. 이 합격자들은 대부분 곧바로 각 도 재판소의 검사로 임용되었다. 이들은 거의 모두 1870년대 출생자들로 평균연령이 30세가량이었고, 대부분이 한성에 거주하고 있었다. 합격자들은 전원이 법관양성소 졸업자로서 법관시험에 합격하기 전 법관양성소 교관이나 법부 및 그 산하기관의 관리로 근무하고 있었다.

지방관임용의 경우는 1906년에 제정된 지방관전고규정에 의하여 필요하다고 인정될 때에 시험을 행할 수 있도록 규정되었다. 또한 지방관전고세칙에는 법률경제 · 지방제도 · 회계예산 · 지리역사 · 외국어 등의 시험과목이 제시되어 있었다. 그러나 이러한 시험규정에도 불구하고 지방관 임용을 위한 시험은 단 한 차례도 시행되지 못한 채 문관전고제도로 흡수되었다.

갑오개혁으로 도입된 새로운 관리등용제도인 전고시험제도는 제도적으로 확립되었을 뿐만 아니라 실제로 관리임용의 기능을 담당하였다. 새로운 제도에 의하여 선발된 인원이 대한제국기의 전체관리의 수에 비하면 미미한 비율에 불과하여 그 역할을 충분히 수행했다고 할 수는 없다. 그렇지만 조선왕조의 중추적인 관리등용로였던 과거제도를 이어서 등장한 시험제도가 단지 제도적 규정에 그치지 않고 실제 시행단계에 까지 이르렀다는 데에 새로운 관리등용제도의 의의를 찾을 수 있을 것이다.

이러한 의의에도 불구하고 새로운 등용제도가 대부분 통감부기에 확립되었다는 사실은 일제의 식민지정책과 그것과의 연관성을 시사하고 있다. 사실 문관전고 시험과목에서 작문 · 공문 · 필사 · 산술 · 주산 등 단순 기능을 위주로 한 것은 일제가 순종적으로 봉사하는 한국인 하급관리의 선발에 주안점을 두고 있었음을 의미한다. 또한 국문이나 국사 등을 제외시킨 것은 이 때부터 이미 일제가 우리 민족의 정신이나 역사의식을 말살하려는 의도를 가지고 있었음을 보여주고 있다. 또한 문관시험 응시자격에 있어서 외국의 각종 학교 졸업자를 우대토록 한 것도 일본에서 교육받은 친일적 지식인들을 발탁하려는 발상에서 비롯된 것이라 할 수 있다.

이렇게 볼 때 갑오개혁 이후 성립된 문관전고제도 등의 새로운 등용제도가 고루한 과거제를 대체할 근대적 관리등용제도 내지 관료 제도를 지향했다는 긍정적인 측면을 간과할 수는 없을 것이다. 반면에 그것이 일제의 식민통치를 원활하게 수행하는 데 필요한 관리임용을 뒷받침할 제도적 장치의 기능을 수행하였다는 부정적 측면도 아울러 지니고 있었다고 하겠다.

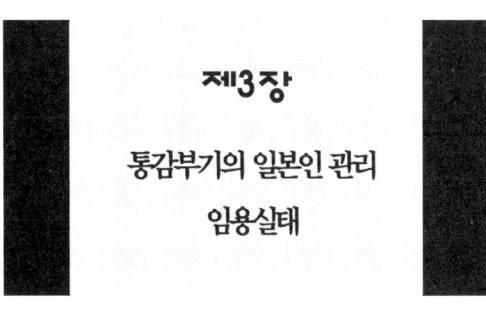

제3장
통감부기의 일본인 관리 임용실태

I. 머리말   II. 내각의 일본인 관리   III. 궁내부의 일본인 관리
IV. 통감부의 일본인 관리   V. 맺음말

I. 머리말

일제의 한국침략은 여러 방면에 걸쳐 진행되었지만, 한국정부의 인사권을 장악하고, 일본인을 한국 정부의 관리로 임용하려 한 사실도 주목되는 점이다. 그 이유는 한 나라의 국정國政을 장악하는 데 있어서 인사권 장악이 무엇보다 중요한 요소이기 때문이다.

한국에 대한 일제의 침략과정은 바로 한국정부의 인사권 장악과정과 맥을 같이하였다고 할 수 있다. 일제는 우선 러일전쟁이 진행 중이던 1904년 8월, 제1차 한일협약韓日協約을 강요하여 일본인 고문顧問으로 하여금 한국의 국정에 관여토록 하였다. 통감부統監府가 설치된 후인 1907년 7월에는 한일신협약韓日新協約을 맺어 한국정부의 인사권을 빼앗아 국정의 실권實權을 완전히 장악하는 데까지 이르렀다. 이로 인하여 한국은 사실상의 식민지 상태로 전락하고 말았다.

따라서 일제의 침략과정이나 성격 등을 밝히는데 있어서 통감부 시기의 인사정책 내지 관리임용 실태에 관한 고찰이 긴요한 과제라고 하겠다. 그럼에도 불구하고 이 부문은 종래 거의 주목받지 못하여 단편적 또는 부분적인 연구만이 이루어졌을 뿐이다.[1]

이에 본고에서는 통감부기 인사정책 및 일본인 관리 임용상황에 초점을 맞추어 일제의 침략양상을 살펴보고자 한다. 이를 통하여 통감부기의 성격이 한층 명확하게 밝혀질 수 있으리라 믿는다.

II. 내각의 일본인 관리

1. 고문顧問

통감부 설치 이전부터 일제는 집요하게 한국의 국정國政에 관여하여 그 주도권을 장악하려고 시도했는데, 일본인 고문顧問의 파견도 그 같은 의도에서 비롯된 것이었다. 일제는 이미 청일전쟁 시기인 1895년에 근대적 법치국가 체제의 창출이라는 명분 아래 40여명의 고문관을 채용토록 하여 광범한 관제개혁官制改革을 진행시킨 바 있다. 이로써 일원적 통치체제가 마련되었지만, 그 진정한 목적은 일제의 보호를 쉽게 하려는 데 있었을 뿐이다.[2]

---

[1] 통감부 시기의 인사정책 내지 관리임용 실태에 대하여 부분적으로 검토한 연구업적은 대체로 다음과 같은데, 대체로 조선인 관리만을 다루었을 뿐 일본인 관리에 대해서는 거의 고찰하지 않았다. 김영모,『조선지배층연구』, 일조각, 1986. 김선미,「일제식민지시대 지배세력의 성격에 관한 연구 - 주임관 이상의 관직자를 중심으로 -」, 이대대학원 정치학과 석사학위논문, 1991. 박은경,「일제시대 조선총독부 조선인 관료에 관한 연구 - 사회적 배경과 충원양식을 중심으로-」, 이대 대학원 정치학과 박사학위논문, 1994. 홍순권,「일제시기의 지방통치와 조선인 관리에 관한 일고찰 - 일제시기의 군행정과 조선인 군수를 중심으로-」,『국사관논총』64, 1995. 저자,「갑오개혁기 과거제의 폐지와 천거제의 수용」,『조선시대 천거제도연구』, 초록배, 1995. 저자,「통감부기 조선인 관리의 성분」,『동국사학』30, 1996.
[2] 권태억,「1904~1910년 일제의 한국 침략 구상과'시정개선'」,『한국사론』31, 1994, pp.216~217.

그 후 일본인 고문이 본격적으로 활동하기 시작한 것은 1904년 8월 22일 제1차 한일협약(한일협정서) 체결 이후부터이다. 일제는 러일전쟁이 일어난 1904년 2월을 기점으로 대규모의 일본군을 파견하여 한국을 사실상 강점하면서 식민화 정책을 본격적으로 추진하였다. 그 과정에서 그들은 1904년 2월 23일 한일의정서를 강압적으로 체결하여 시정개선에 관한 충고라는 명목으로 한국의 내정에 직접적으로 개입할 수 있는 길을 열었으며,[3] 이어서 제1차 한일협약을 강요하였던 것이다.

제1차 한일협약 중 고문에 관한 내용은 다음과 같다.

> 一. 한국정부는 일본정부에서 추천하는 일본인 1명을 재정고문으로 용빙傭聘하여 재무에 관한 사항은 일체 그의 의견을 물어 시행한다.
> 一. 한국정부는 일본정부에서 추천하는 외국인 1명을 외교고문으로 외부外部에 용빙하여 외교에 관한 요무要務는 일체 그의 의견을 물어 시행한다.[4]

제1차 한일협약의 이러한 조항은 일본인 재정고문과 친일적인 외국인 외교고문을 통하여 한국의 재정·외교 등의 실권을 장악하려는 의도를 반영한 것이다. 이에 따라 재정고문으로 일본인 목하전종태랑目賀田種太郎이 한국내각에 배치되고, 외교고문으로는 미국인 스티븐스(stevens)가 용빙되어 1904년 10월부터 활동을 시작하였다.

한편 같은 시기에 맺어진 재정고문용빙계약에 의하면, 한국정부의 재정과 관계있는 사항은 상주上奏 전에 목하전目賀田의 동의·가인加印을 받도록 규정되어 있었다. 이로 인하여 재정고문이 마치 재정감독처럼 한국정부의 재정과 관련된 모든 사항을 관장할 수 있게 되어 한국의 재정은 일본인 재정고문 목하전目賀田의 수중으로 들어가게 되었다. 그는 또한 재정

---

3) 이윤상, 「통감부 시기 일제의 한국 재정 침탈」, 『숙명한국사론』 2, 1996, pp.294~295.
4) 『고종실록』 권44, 광무 8년 8월 22일.

업무만이 아니라 그것과 관련이 있다는 이유로 한국정부의 행정전반을 간섭하려 하였다.5)

그 후 일본인 고문의 용빙이 확대되어 일본정부의 추천에 의하여 일본의 정부 관리나 민간인들이 고문 또는 참여관參與官으로 한국정부에 배치되었다. 즉 재정고문 외에 경무고문·군부고문·궁내부고문·학정學政참여관 등이 그것이었다.6)

고문제도는 1906년 통감부가 설치된 직후 양적·질적 변화를 겪게 된다. 즉 통감부 설치와 동시에 일본인 고문들은 통감의 감독으로 귀속되어 보좌관이나 교관 등의 명칭으로 궁내부와 의정부의 각 부에 배속되어 업무에 본격적으로 관여하게 되었다. 그들은 궁내부의 고문 또는 보좌관으로 궁중회의에 참석하였고, 군부軍部의 고문 및 육군교관으로서 군정軍政의 자문과 군대훈련에 관여하였다. 탁지부度支部에는 재정고문을 비롯한 다수의 일본인들을 고문본부와 지방지부에 분속시켜 정부 전반의 재정·징세徵稅·금융 등의 사무를 감독하였다. 학부學部에서는 참여관·사무관으로 학정學政에 참여하면서 교과서 편찬에도 관여하였다. 또한 내부內部의 참여관이나 촉탁囑託으로서 내무행정 및 지방행정에 참여하였고, 경무고문과 보좌관 이하 다수의 경찰관이 경찰기관의 정비, 황궁의 경비, 일반 치안의 유지 등에 개입하였다. 그리고 법부法部에는 참여관 또는 보좌관으로 사법司法 사무를 지도하는 외에 각 도 재판소의 보좌관에 배치되었으며, 농상공부農商工部에는 광무기감鑛務技監이나 촉탁으로서 광산·원예·이민에 관한 사무 등을 간섭하였다.7)

이와 같이 통감부 설치 직후 일제는 다수의 일본인 고문을 한국정부의

---

5) 이윤상, 위의 논문, pp.300~302.
6) 통감부 편, 『제1차 한국시정연보』, 구한말 일제침략사료총서 III, 정치편 3, 아세아문화사, 1984, p.34.
7) 『제1차 한국시정연보』 pp.12~14.

광범위한 부문에 배치하여, 궁중사무·내무행정·경찰·군사·재정·교육·재판 등 국정의 거의 모든 분야에 깊숙이 관여하였던 것이다.

2. 각부 관리

통감부 초기까지도 일제는 고문 등을 통하여 간접적으로 한국정부의 국정에 관여하였으나, 1907년 7월 24일 한일신협약(정미7조약) 체결 후에는 한국정부 내의 일본인 관리에 의해 직접적으로 국정에 참여하여 그 주도권을 장악하게 되었다. 일제는 한일신협약 체결을 그들의 지배를 더욱 공고히 하고 심층화하는 전기轉機로 이용함으로써 한국의 통치권은 사실상 통감에게 넘어가고 말았다.[8]

한일신협약의 체결로 한국에 대한 일본의 지위는 다시 일진一進하였는데,[9] 이 협약은 다음과 같은 내용으로 구성되어 있었다.

    제1조 한국정부는 시정개선에 관하여 통감의 지도를 받을 것
    제2조 한국정부의 법령제정 및 중요한 행정상의 처분은 미리 통감의 승인을
         거칠 것
    제3조 한국의 사법사무는 보통행정사무와 구별할 것
    제4조 한국 고등관리의 임면任免은 통감의 동의로써 행할 것
    제5조 한국정부는 통감이 추천하는 일본인을 한국관리로 임용할 것
    제6조 한국정부는 통감의 동의 없이 외국인을 용빙하지 않을 것[10]

이와 같이 한일신협약은 한국의 내정內政에 대한 통감의 지도와 감독에 주안점을 둔 것으로서 한일협상조약(을사조약)으로 외교권을 강탈한 후 일

---
[8] 강창석, 「통감부연구 - 간도정책을 중심으로-」, 영남대 박사학위논문, 1989, p.23.
[9] 『제1차 한국시정연보』 p.9.
[10] 『구한국관보』 (앞으로는 『관보』라 칭함) 호외 (광무 11년 7월 25일).

제의 지배를 더욱 확고히 하려는 의도에서 나온 것이었다. 다시 말해 이 협약은 한일협상조약을 보완한 것으로 이전에 맺어진 협약들에 비하여 일제의 통치권 범위를 확장하려는 데 그 목적이 있었다.[11] 한국인 고등관리에 대한 인사권 장악과 일본인 관리의 대폭적인 임용을 명시한 것도 이러한 일제의 의도가 반영된 결과였다.

한일신협약의 체결과 함께 일제는 통감부의 관제를 개정하여, 통감의 권한을 "한국에 있어서 일본정부를 대표하고 조약 및 법령에 따른 제반諸般의 정무政務를 통할統轄한다"라고 규정함으로써 그 권한을 현저하게 확장시켰다.[12] 또한 일제는 통감의 권한을 확대하고 한일신협약을 보완 내지 구체화하기 위하여 협약의 체결과 동시에 재판소 신설, 감옥 신설, 군대 정리, 고문·참여관 등의 해고, 일본인 관리 임명 등의 내용으로 이루어진 비밀각서의 교환을 강요하였다. 이러한 협약과 각서에 따라 통감의 권한이 더욱 확대되어 한국의 행정·사법·경찰·군사 등 내정의 전권全權을 장악하게 되었다.[13]

각서에는 통감이 추천하는 일본인을 한국 관리에 임용한다는 협약 제5조의 내용을 명확히 하기 위하여 통감이 추천하는 관리의 기준을 다음과 같이 구체적으로 명시하였다.

① 각부 차관　　② 내부 경무국장　　③ 경무사 또는 부경무사
④ 내각 서기관 및 서기랑　⑤ 각부 서기관 및 서기랑
⑥ 각도 사무관　　⑦ 각도 경무관　　⑧ 각도 주사[14]

---

11) 『제1차 한국시정연보』 p.5. 이러한 목적을 지닌 한일신협약의 강압적인 체결 직후 일제는 예상되는 저항을 막기 위해 신문지법을 제정, 공포하여 신문의 발행시 허가를 받도록 규정함으로써 언론자유를 봉쇄하려고 하였다. (『관보』 3829호, 광무 11년 7월 27일). 이와 함께 보안법을 만들어 집회·결사 등의 자유를 억압하고자 하였다. (『관보』 부록, 광무 11년 7월 29일).
12) 전보교결(田保橋潔), 『조선통치사논고』, 성진문화사, 1972, p.31.
13) 유재곤, 「일제통감 이등박문의 대한침략정책(1906~1909) - <대신회의필기>를 중심으로 -」 『청계사학』 10, 1993, p.230.
14) 전보교결, 위의 책, p.30.

이처럼 통감이 추천하는 관리에는 각 부 차관으로부터 각 도 주사에 이르기까지 중앙과 지방의 고위직과 실무 요직이 두루 포함되어 있었다. 따라서 내각의 행정권과 경찰권의 장악에 초점이 맞추어져 있었음을 알 수 있다. 특히 각 부 차관의 직무는 부무部務를 통리統理하고 소관 사무를 감독하도록 규정되어 있었으므로,15) 일본인을 차관에 임용토록 한 것은 명목상의 대신大臣을 대신하여 각 부의 실권實權을 장악하려는 의도를 지니고 있었다. 통감부의 발족과 동시에 한국 내정의 실권은 이미 통감 이등박문伊藤博文에게 넘어갔지만,16) 이제 차관을 비롯한 한국정부의 요직에 일본인을 임용케 됨으로써 행정집행의 주도권까지도 완전히 일본인들의 수중으로 떨어지게 되었다.

　한일신협약과 비밀각서에 의하여 일본인들이 실제로 한국정부의 관리에 임용되기 시작한 것은 1907년 8월 초부터이다. 즉 8월 2일 경무청 고문관 환산중준丸山重俊이 경무총감에 임명된 것을 시작으로 하여,17) 같은 달 9일에는 궁내부 차관에 학원정길鶴原定吉, 내부 차관에 목내중사랑木內重四郎, 학부 차관에 표손일俵孫一이 각각 임명되었다.18) 이어서 10일에는 각 도의 주사 24명, 15일에는 각 도 사무관 12명 및 각 도 경무서 경시 13명이 배치되었다.19) 또한 14일에는 내부 경무국장에 송정무松井茂가 임명되었다.20) 9월에는 탁지부·농상공부·법부 차관의 임명이 있었다. 즉 탁지부 차관 황정현태랑荒井賢太郎,21) 농상공부 차관 강희칠랑岡喜七郎, 법부 차관 창부용삼랑倉富勇三郎 등이 그들이었다.22) 11월 30일과 12월 1일에는 개정

---

15) 『관보』 호외(융희 원년 12월 18일) 각부관제통칙.
16) 산변건태랑(山邊健太郎), 『일한병합소사』, 암파서점, 1966, p.182.
17) 『관보』 3836호(융희 원년 8월 5일).
18) 『관보』 3842호(융희 원년 8월 12일).
19) 『관보』 3848호(융희 원년 8월 19일), 3849호(융희 원년 8월 20일).
20) 『관보』 3845호(융희 원년 8월 15일).
21) 『관보』 3868호(융희 원년 9월 11일).

된 궁내부 관제의 실시에 따라 궁내부의 서기관·사무관·주사 등에 22명의 일본인이 임용되었다.[23)]

내각에 일본인 차관이 임명되고 실권 있는 자리를 차지하여 행정의 주도권을 장악함으로써 일제의 내정 주도가 합법화됨은 물론, 보다 직접적이 되어 한국의 식민지화가 한 단계 진전되었다.[24)] 이전 단계에서도 통감과 재정고문·경무고문 휘하에 다수의 일본인 관리들이 있었지만, 그들은 행정을 직접 담당하지는 않고 다만 철저한 감독을 통해 간접적으로 관여하였을 뿐이다. 그러나 이제는 일본인이 직접 행정 전반을 장악할 수 있게 되었던 것이다.[25)]

한국정부에 임용된 일본인 관리들은 먼저 각 부 및 지방 관제의 개정에 착수하였다. 이 관제개정으로 행정조직을 크게 변화시켰지만, 그 목적은 종래 용빙되었던 일본인들을 한국관리로 임용하는 데 필요한 기관을 설치하고, 행정조직의 통일 및 각 기관의 연락을 원활하게 하려는 것에 있었을 뿐이다.[26)]

이보다 앞서 한일신협약 체결 직전 일제는 그 사전 정지 작업으로 내각 및 각 부 관제의 대대적인 개정에 착수한 바 있었다. 즉 1907년 6월 14일 우선 의정부를 내각內閣으로 개칭改稱하고, 의정부 참정대신參政大臣 이완용李完用을 내각 총리대신에 임명하였다.[27)] 이어서 내각 관제를 제정하고,[28)] 19

---

22) 『관보』 3877호(융희 원년 9월 21일). 1908년 이후 각 부 차관의 변동을 보면, 1908년 6월 내부 차관 목내중사랑(木內重四郎)이 농상공부 차관에, 농상공부 차관 강희칠랑(岡喜七郎)이 내부 차관으로 전임되었다. 이어서 1909년 10월 법부의 폐지에 따라 법부 차관 창부용삼랑(倉富勇三郎)이 통감부 사법청(司法廳) 장관에 임명되었으며, 1910년 4월에는 우좌미승부(宇佐美勝夫)가 내부 차관에 임명되었다. (『제3차 한국시정연보』 p.33.)
23) 『관보』 부록(융희 원년 12월 2일), 3941호(융희 원년 12월 5일), 3942호(융희 원년 12월 6일).
24) 권태억, 위의 논문, p.241.
25) 이윤상, 위의 논문, p.328.
26) 『제1차 한국시정연보』 pp.42~43.
27) 『관보』 호외(광무 11년 6월 15일).

일에는 각부관제통칙을 개정하여 각 부의 협판協辦을 차관으로, 참서관參書官을 서기관으로, 주사主事를 서기랑書記郞으로 개칭하였다.29)

이러한 내각 관제는 한일신협약 체결 직후 다시 개정되어 새로이 비서관·사무관·번역관 등을 두고, 서기랑을 주사로 개칭하였다.30) 이와 더불어 경무청 관제도 개정이 이루어져 경무청을 경시청警視廳으로 고치고, 경무사를 경시총감으로, 경무관을 경시로 개칭하였으며, 경시부감을 신설하였다. 또한 지방관 관제도 개정하여 각 도에 사무관을 신설하였다.31)

앞에서 한일신협약 체결로 일본인이 위로는 차관으로부터 아래로는 각 도의 주사에까지 임용될 수 있게 되었고 관제도 그에 맞추어 개정되었음을 살펴보았는데, 이에 따라 일본인이 본격적으로 한국정부의 관리에 대거 임용되기 시작한 것은 1908년 1월부터이다.32) 이러한 상황은 『관보』의 '서임급사령'敍任及辭令 항의 분석을 통해서 명확하게 파악할 수 있다.

즉 다음의 <표 1>에 나타나는 것과 같이 1908년 1월 1일부터 같은 달 31일까지의 1개월간 한국정부의 내각 관리에 임명된 자는 판임관判任官 이상이 모두 2,439명에 이르고 있다.33) 이 가운데는 조선인이 1,310명(53.7%)이고, 일본인이 1,129명(46.3%)이다. 각 부별로는 내부·탁지부·농상공부의 일본인 임용 비율이 높게 나타나고 있다. 내부는 일본인의 비율이 49.7%, 탁지부는 48.3%이고, 농상공부는 한국인의 두 배인 67.0%에

---

28) 『관보』 3794호 (광무 11년 6월 17일).
29) 『관보』 3798호 (광무 11년 6월 21일).
30) 『관보』 호외 (융희 원년 12월 18일).
31) 『관보』 부록 (광무 11년 7월 29일).
32) 『관보』에 의하면 한일신협약이 체결된 1907년 7월 24일부터 같은 해 12월 말까지 한국정부에 임용된 일본인 관리의 수는 모두 160여명 정도이다.
33) 같은 기간에 내각의 칙임관(勅任官)에 임명된 인원은 조선인 6명(각 부 국장 등), 일본인 13명(탁지부 사세司稅 국장, 관세총장, 세관장, 내부 기사, 농상공부 기감 등)이었다. 칙임관(勅任官)은 정1품에서 종2품까지, 주임관(奏任官)은 3품에서 6품까지, 판임관(判任官)은 7품서 9품까지의 관원을 뜻한다. (『고종실록』권32, 31년 7월 13일, 문관수임식).

달하였다. 또한 학부는 26.0%에 불과하고, 사법권과 군사권의 상실로 인해 유명무실해진 법부와 군부에는 한 명도 임명되지 않은 것으로 나타나고 있다.

이를 관직별로 보면, 일본인들은 내각 본청 및 각 부의 서기관·사무관·주사와 경시·경부 등의 경찰관, 그리고 각 도의 주사에 다수 임명되었다.[34] 좀 더 구체적으로는, 내각 본청의 사무관·사무관보, 내부의 기사·사무관·주사·기수·경부, 각 도 서기관 및 주사, 탁지부의 세관장·국장·사무관·주사·기수·세관감리稅關監吏, 학부의 사무관·주사 그리고 농상공부의 주사·기수·서기 등에 일본인 임명 비율이 높았다.

이처럼 일본인들은 내각의 거의 모든 관직에 두루 임용되었으나, 특히 내부·탁지부·농상공부·학부의 실무요직에 주로 배치되었다. 즉 내무행정·경찰·재정·상공업·교육 등 식민지 지배와 수탈을 위한 부문에 집중되었던 것이다.[35] 따라서 식민지 통치에 필수적인 관리의 배치가 한일신협약 체결 직후인 1908년 1월 한 달간에 거의 마무리되었다고 할 수 있다.

---

34) 내각 관리의 직무는 다음과 같다. 서기관 및 사무관 : 대신관방(大臣官房)과 각 국의 사무 관장. 주사 : 서무에 종사. 각 도 관리의 직무는 다음과 같다. 서기관 : 관찰사를 보좌하여 지방행정·교육 등에 관한 사항 장리(掌理). 사무관 : 관찰사 및 서기관의 명을 받아 도무(道務) 관장. 주사 : 상관의 지휘를 받아 서무에 종사. 주임관의 진퇴(進退)는 각 부 대신이 총리대신을 거쳐 상주하고, 판임관 이하는 대신이 전행(專行)토록 규정되어 있었다. (『관보』 호외, 융희 원년 12월 18일, 각부관제통칙).

35) 통감부기에는 한국인을 회유하기 위하여 각 도의 관찰사·부윤·군수는 모두 한국인을 임용하였다. 그러나 그 아래의 각 도 사무관·도(道)주사·부(府)주사·군(郡)주사 등에 일본인을 배치함으로써 결국 일제가 지방행정을 장악하였다. 도주사는 1907년 8월부터(『관보』 3849호, 융희 원년 8월 20일), 부주사는 1909년 6월부터(『관보』 4453호, 융희 3년 8월 12일), 군주사는 1908년 3월부터(『관보』 4034호, 융희 2년 3월 30일) 일본인들이 임용되기 시작하였다. 또한 도·부·군 주사는 문관임용령의 규정에 구애받지 않고 임용될 수 있도록 함으로써 일본인의 임용을 제도적으로 보장하고 있었다.(『관보』 4073호, 융희 2년 9월 10일)

〈표 1〉 내각 관리의 관직별 임명상황

(1908년 1월 1일 ~ 1908년 1월 31일)

부	관직	관등	조선인	일본인	계	부	관직	관등	조선인	일본인	계
	서기관	주임		2	2		사세국장	칙임		1	1
	사무관	주임		1	1		관세총장	칙임		1	1
	사무관보	주임		3	3		부산세관장	칙임		1	1
	사무관보	주임		5	5		기사	칙임		1	1
	주사	판임	22		22		사계국장	칙임	1		1
	번역관보	판임	3		3		인쇄국장	칙임	1		1
	소계		25	11	36		국장	주임		5	5
	대한의원 원장	칙임		1	1		세관장	주임		3	3
	기사	칙임	1	4	4		서기관	주임		6	6
	위생국장	칙임	1		1	탁	사무관	주임	1	24	25
	관찰사	칙임	1		1	지	재무관	주임	50	10	60
	서기관	주임	1	4	5	부	비서관	주임	1		1
내	사무관	주임	3	5	8		기사	주임	4	21	25
부	비서관	주임	1		6	1		주사	판임	485	388	873
	기사	주임	2		31	8		기수	판임	255	106	361
	주사	판임	45	31	76		세관감리	판임		88	88
							등대국 간수	판임	1	37	38
	기수	판임	13	2	44		기타	주임		8	9
	경시	주임	5	35	7		기타	판임	1	46	46
	경부	판임	21	2	56		소계		800	746	1,546
	번역관	주임			2		서기관	주임		2	2
	번역관보	판임	1	15	1	학	사무관	주임		4	4
	대한의원 직원	주임	6	9	21	부	대한의원 직원	주임	6	9	21
	대한의원 직원	판임	11	13	20		번역관	주임	2		2
	도서기관	주임			13		기사	주임	2	1	3
	도사무관	주임	13		13		주사	판임	17	6	23
	도주사	판임	5		12		기수	판임	3	2	5

부서	직	등급				부서	직	등급			
농상공부	소 계		167	165	332		부윤	주임	3	7	3
	기사	주임		20	20		사범학교 교원	판임	8	3	11
	서기	판임	2	8	10		고등학교 교원	주임	3	1	4
	기타	주임		8	8		고등학교 교원	판임	4	1	5
							외국어학교 교원	주임	3	5	8
							외국어학교 교원	판임	17	1	18
							일어학교 교원	판임	4	3	7
							보통학교 교원	판임	165	49	214
							소계		231	81	312
						군부	주사	판임	18		18
							군인		2		2
법부	소계		62	126	188		기타	판임	3		3
	형사국장	칙임	1		1		소계		23		23
	소계	2			2	합계			1,310	1,129	2,439

(서임 내역 가운데 겸직은 제외하였음. 이 표는 『관보』 부록 (융희 2년 1월 10일)~제4035호 (융희 2년 3월 31일)에 의하여 작성하였음)

    1908년 1월의 내각관리 임명상황을 관등별로 정리한 것이 <표 2>이다. 이 표에 의하면 1월 한 달 동안에 내각 관리에 임명된 인원은 칙임관 19명, 주임관 290명, 판임관 2,130명 등이다. 이 가운데 일본인 관리의 비율은 칙임관 68.4%, 주임관 63.1%, 판임관 43.8%였다. 따라서 주임관 이상의 고등관이 63.4%로서 하급관리인 판임관보다 그 비율이 높아 고위 내지 중급관리에 일본인이 집중 배치되었음을 알 수 있다. 일본인 고등관을 관청별로 보면, 내각본청·농상공부·학부·탁지부·내부의 순으로 높게 나타나고 있다.

    이를 통하여 일제가 자국민을 내각의 고등관리에 대거 임용하여 정책 결정의 주도권을 잡음과 동시에 하급관리에도 광범위하게 침투시켜 행정의 실무를 장악하려 했음을 알 수 있다. 이로써 한일신협약과 관제개정 등을 통하여 의도했던 일본인의 대폭적인 임용이 급속히 현실화되었으며, 이에 따라 일제가 한국 국정의 전반적인 주도권을 확고하게 장악하여 식민지화를 한 걸음 더 진전시켰음을 확인하게 된다.

〈표 2〉 내각 관리의 관등별 임명상황

(1908년 1월 1일 ~ 1908년 1월 31일)

관청	관등	조선인	일본인	합계	관청	관등	조선인	일본인	합계
내각 본청	주임관		11	11	학부	주임관	13	16	29
	판임관	25		25		판임관	218	65	283
	소 계	25	11	36		소 계	231	81	312
내부	칙임관	2	5	7	농상 공부	칙임관		4	4
	주임관	34	47	81		주임관	3	32	35
	판임관	131	113	244		판임관	59	90	149
	소 계	167	165	332		소 계	62	126	188
탁지부	칙임관	2	4	6	군부	판임관	23		23
	주임관	57	77	134	합계	칙임관	6	13	19
	판임관	741	665	1,406		주임관	107	183	290
	소 계	800	746	1,546		판임관	1,197	933	2,130
법 부	칙임관	2		2		계	1,310	1,129	2,439

　1908년 1월 이후 일본인 관리의 임용은 계속 큰 폭으로 증가하여 1908년 12월 말에는 다음의 <표 3>에 나타나는 바와 같이 궁내부와 내각의 판임관 이상 관리가 2,080명(고등관 466명, 판임관 1,614명)에 이르러 연초보다 거의 두 배 가까이 늘어나는 양상을 보였다. 이 가운데 내각 관리는 2,053명, 궁내부 관리는 27명이다. 이외에 촉탁 등을 포함시키면 그 수는 훨씬 더 늘어날 것이다. 일본인 관리의 비율은 고등관의 36.8%, 판임관의 40.7%로서 전체 관리의 40.7%를 차지하고 있었다. 그런데 일본인이 차지한 비율이 연초에 비하여 감소한 것은 1908년 1월 이전에 임용된 후 계속 근무하고 있는 조선인 관리들이 포함되었기 때문이다. 일본인들은 궁내부와 내각의 본청 및 각부에 고르게 분포되어 있었는데, 탁지부·법부·농상공부의 순으로 다수 임용된 것으로 나타나고 있다. 일본인 관리 가운데는 고등관이

22.4%, 판임관이 77.6%였다. 따라서 그들은 고위직뿐만 아니라 하위직에도 광범위하게 배치되어 있었음을 알 수 있다. 같은 시기 조선인 관리의 수는 고등관이 801명, 판임관이 2,229명으로 총 인원은 3,030명이었다.

〈표 3〉 내각 및 궁내부 일본인 관리의 인원

(1908년 12월 현재)

관청	고등관	판임관	합계
궁내부	12	15	27
내각본청	5	8	13
내부	95	278	373
탁지부	102	860	962
법부	187	206	393
학부	20	86	106
농상공부	45	161	206
합계	466	1,614	2,080

(당시 조선인 관리의 수는 고등관 801, 판임관 2,229, 합계 3,030명이었다. 『제2차 한국시정연보』 p.18에 의함)

한편 당시에 임용된 조선인 관리들 가운데는 친일적 성향을 지닌 친일파들이 대부분이었다.36) 이것은 일제의 친일파 육성 및 임용책에 의한 것이었는데, 친일파를 적극적으로 임용하려 한 사실은 문관임용령에도 잘 드러나고 있다. 새로운 문관임용령은 1908년 7월에 제정 공포된 후 10월에 다시 약간의 개정이 가해짐으로써 문관선발규정의 정비가 마무리되었다. 이에 의하면 주임문관奏任文官의 자격으로 내외국 정치전문학교의 졸업자 및 외국대학의 법률과와 정치경제학과 졸업자가 추가되었다. 또한 판임문관의 자격에는 종래 문관전고文官銓考 합격이나 국내 관립고등학

---

36) 통감부기 조선인 관리의 성격에 대해서는 저자의 「통감부기 조선인 관리의 성분」, 『동국사학』 30, 1996 참조.

교 졸업 이외에 새로이 외국 관공립학교 졸업자가 추가되었다.[37] 여기에는 말할 것도 없이 외국, 특히 일본에서 신교육을 받은 조선인 친일파나 일본인을 임용하려는 의도가 내포되어 있었다고 하겠다. 이처럼 일제는 자국민은 물론, 친일적인 조선인을 임용하기 위하여 관리임용규정을 비롯한 각종 제도를 정비하였던 것이다.

다음은 1909년 이후의 일본인 관리 임용상황에 대하여 살펴보도록 하겠다. 1909년 7월 30일 일제는 한국의 군부軍部를 폐지하고,[38] 이어서 10월 31일에는 법부法部도 폐지함으로써 사법권마저 강탈하였다.[39] 이에 앞서 일제는 한일협상조약으로 외교권을 박탈한 후 1906년 1월 17일 칙령 제5호로 외부外部를 폐지하고 그 사무를 의정부에 이관하여 외사국外事局으로 격하시킨 바 있었다.[40] 1909년 군부와 법부의 폐지에 따라 종래 6부로 조직되었던 한국 내각은 내부·탁지부·학부·농상공부의 4부로 축소되었다.[41]

4부체제로 축소된 한국 정부의 1909년 12월 말 현재 관리 수의 변동 상황이 다음의 <표 4>에 나타나고 있다. 이에 의하면 궁내부와 내각의 전체 관리 5,536명 가운데 조선인이 3,137명(56.7%), 일본인이 2,399명(43.3%)였다. 이를 전년도 12월 말과 비교하면 일본인의 비율은 2.6% 증가한 반면

---

37) 『관보』 4136호 (융희 2년 7월 27일) 및 4197호 (융희 2년 10월 8일).
38) 『관보』 4443호 (융희 3년 7월 31일) 칙령 제68호. 군부의 폐지와 동시에 친위부 관제를 제정하여 군부의 사무를 궁중(宮中)에 설치된 친위부로 이관, 축소시켰다. 또한 군부의 폐지에 따라 현역에서 쫓겨나는 장교들을 회유하기 위하여 무관은급(武官恩給) 규정을 마련하였다.(『관보』 4443호)
39) 『관보』 4517호 (융희 3년 10월 29일) 칙령 제85호.
40) 『관보』 3354호 (광무 10년 1월 19일) 칙령 제5호.
41) 갑오개혁으로 의정부에 8아문이 설치되었으나, 제2차 갑오개혁 시에 내부·외부·탁지부·법부·학부·군부·농상공부의 7부로 개편되었다. 그 후 1906년 외부의 폐지에 따라 내각의 조직은 6부로 다시 축소되었다.(왕현종, 「갑오개혁기 관제개혁과 관료제도의 변화」, 『국사관논총』 68, 1996, pp.269~271).

조선인의 비율은 그만큼 감소하였다. 인원상으로는 일본인이 300여명 늘어났으나 조선인은 100여명 증가에 그쳐, 일본인 관리의 증가 인원이 조선인의 3배에 이르고 있다. 일본인 관리의 경우 전년도에 비하여 내부 204명, 탁지부 360명이 증가하였고, 그 밖의 부도 모두 약간씩 늘어나는 경향을 보여주었다.

전체 인원상으로는 군부·법부의 폐지에도 불구하고 전년도 말보다 400여명 증가한 것으로 나타나고 있다. 이것은 주로 탁지부 소관의 징세기관과 건축소 등의 확장에 따라 다수의 주사를 임용하였고, 내부 소관의 지방행정기관인 각 군청에 일본인 주사를 다수 임용한 데 기인하였다.[42]

〈표 4〉 내각 및 궁내부 관리의 인원

(1909년 12월 말 현재)

관청	고등관			판임관			합계				
	조선인	일본인	계	조선인	일본인	계	조선인	%	일본인	%	계
궁내부	165	18	183	226	31	257	391	88.9	49	11.1	440
내각본청	42	6	48	38	8	46	80	85.1	14	14.9	94
내부	350	107	457	844	470	1,314	1,194	67.4	577	32.6	1,771
탁지부	76	142	218	860	1,180	2,040	936	41.5	1,322	58.5	2,258
학부	27	28	55	386	137	523	413	71.5	165	28.5	578
농상공부	14	58	72	109	214	323	123	31.1	272	68.9	395
합계	674	359	1,033	2,463	2,040	4,503	3,137	56.7	2,399	43.3	5,536

(일본인 순사 1,548명은 제외. 『제3차 한국시정연보』 p.34에 의함)

일본인 관리의 임용실태를 좀 더 구체적으로 알아보기 위해 1909년 8

---

42) 조선총독부 편, 『제3차 한국시정연보』 pp.33~34.

월 31일 현재 내부(內部) 소속 중앙기관에 배치된 과장(주임관) 이상의 국적을 <표 5>로 정리하였다. 이 표에 나와 있는 것처럼 일본인은 내부의 차관을 비롯하여 국장 4명 중 2명, 과장 17명 중 13명을 차지하고 있다. 전체적으로는 과장 이상 29명 중 일본인이 20명이었다. 이를 다시 관등별로 보면 일본인은 칙임관의 66.7%, 주임관의 75.0%에 달하였다. 따라서 내부 본청을 비롯한 중앙기관의 국·과장은 대부분 일본인으로 채워져 있었음을 알 수 있다. 일본인이 차지한 관직도 경무국장·지방국장·서기관·사무관·대신비서관 등 핵심 요직이 대부분이었고, 조선인들은 거의 한직(閑職)에 배치되었을 뿐이다. 그 밖에 지방 각 도의 요직인 내무부장·경찰부장·경찰서장은 모두 일본인들이 차지하고 있었다. 이와 같이 일본인들은 내부의 요직을 독점하고 중앙과 지방 행정을 완벽하게 장악하였던 것이다.43)

여기에서는 내부의 임용상황만을 살펴보았지만, 이를 통하여 다른 부에도 일본인들이 중요 직책을 독차지하고 소속기관의 업무를 주도하고 있었음을 미루어 짐작할 수 있다. 실제로 1909년 1월 5일의 사령(辭令) 내용을 보아도, 각 부의 요직이라고 할 수 있는 탁지부의 사세국장·서기관, 농상공부의 농무국장·상공국장, 그리고 궁내부의 서기관·사무관·비서관 등에 일본인이 임명되고 있어 이러한 실상을 잘 나타내 주고 있다.44)

---

43) 일제는 중앙뿐만 아니라 지방의 행정·사법·경찰·재정 등을 모두 장악하고 있었는데, 이 같은 실상을 확인할 수 있는 예로 1909년 1월 현재 경상북도 지방의 각 기관장 배치현황을 들 수 있다. 즉 경북 관찰사를 제외한 경북 경찰부장, 대구 재무감독국장, 대구 공소원장(控訴院長), 동 검사장, 대구 지방재판소장, 동 검사총장 등에 모두 일본인 관리들이 포진하고 있었다. (『관보』 부록, 융희 3년 1월 26일) 당시 조선인 관찰사는 일본인 서기관·사무관·주사 등의 견제와 감시를 받아 제구실을 못하는 명예직에 불과하였다.
44) 『관보』 호외(융희 3년 1월 6일).

〈표5〉 내부 관리의 국적

(1909년 8월 31일 현재)

소속 관서	과	직위	관등	국적	소속 관서	과	직위	관등	국적
대신 관방		대신	친임관	조선인	토목국		국장	칙임관	조선인
		차관	칙임관	일본인		공사과	과장	칙임관	일본인
	비서과	과장	주임관	조선인		조사과	과장	칙임관	일본인
	문서과	과장	주임관	일본인		서무과	과장	주임관	일본인
	회계과	과장	주임관	일본인	위생국		국장	칙임관	조선인
지방국		국장	칙임관	일본인		보건과	과장	주임관	일본인
	부군과	과장	주임관	일본인		의무과	과장	주임관	일본인

(내부 편, 『내부급소속관청직원록』에 의함)

3. 경찰관

한국 경찰제도의 기원은 갑오개혁에서 찾을 수 있다. 즉 갑오개혁이 진행 중이던 1894년 7월 포도청을 폐하고 경무청과 5개의 경무서警務署를 설치하여 한성부의 경찰·감옥 사무를 담당케 하였던 것이다. 이 때 일본 경시청으로부터 경시警視를 초빙하여 고문顧問으로 삼아 경찰제도를 정비하였다. 지방의 경우에는 각 도 경찰부觀察府에 경찰관을 배치하여 경찰사무를 전담케 하였으며, 각 개항시開港市에도 경찰서를 설치하였다.[45] 경찰조직은 그 후 확대되어 1900년 6월 경부警部가 설치되었으며, 1901년 11월에는 궁내부宮內府 산하에 경위원警衛院을 설치하였고, 이듬해 2월에는 경부를 경무청으로 축소, 개편하였다.[46]

러일전쟁 발발 후에는 일본인 고문경찰이 파견되어 그들에 의하여 경찰의 조직과 사무가 운용되었다. 즉, 일본과 경시 1명, 순사巡査 4명의 용

---

45) 『제1차 한국시정연보』 pp.106~107.
46) 차선혜, 「대한제국기 경찰제도의 변화와 성격」, 『역사와 현실』 19, 1996, pp.73~99.

빙계약이 체결되어, 1905년 1월 경시 환산중준丸山重俊이 경무고문警務顧問으로 들어와 경찰사무를 간섭하기 시작하였다. 같은 해 3월에는 일본으로부터 경부警部 7명을 용빙하여 경무청과 서울의 5개 경무서에 배치하였다. 그 후 점차 경시 · 경부 · 순사를 증빙增聘하여 고문부顧問部에 배속시켰다. 이에 따라 일제는 서울과 그 주변의 경찰권을 장악하게 되었다. 지방에서는 1905년 3월 이래 각 도 관찰부에 경무고문 보좌관인 일본 경찰관을 경시로 배치하였으며, 그 후 8도에 경부 1명, 순사 2명 내지 4명씩을 배치시켰다. 이들은 치안유지 외에 관찰사 이하 한국 지방관리의 비위非違를 감시하는 역할도 수행하였다.

통감부 설치 후에는 일제의 제1기 경무警務 확장 계획에 의하여 종래 경시를 배치하지 않았던 지방 5도의 관찰부에 경시를 배치하고, 13도 관찰부 소재지에 각기 경무고문 지부支部를 설치하였다. 지부 밑에는 각 도 평균 2개소씩, 전국적으로 26개소의 분견소分遣所를 설치하고, 분견소 밑에 122개소의 분파소分派所를 두었다. 그런 다음 전국에 일본인 경찰관을 배치하였는데, 그 인원은 경시 11명, 경부 26명, 순사 526명이었다. 이들은 보좌관(경시), 보좌관보(경부), 보조원(순사)의 명칭으로 통감의 지휘를 받으며 한국 경찰사무를 집행하였다.

그 후 일제의 제1기 경무 확장 계획의 수행에 따라 고문경찰의 수가 계속 증가하여 1906년 말에는 경무고문 외에 경시 21명, 경부 52명, 순사 605명에 이르렀다. 그 외에 2,000여명의 조선인 순검巡檢이 있어서 평균 20방리方里에 1명의 순사, 4방리 반半에 1명의 순검이 배치되었다.[47] 이처럼 일제는 통감부 설치 후 일거에 경찰조직을 확대하여 통감의 지휘를 받는 고문경찰관을 동원하여 치안유지의 주도권을 장악해 나갔던 것이다.

통감부가 설치된 후에는 한국 경찰제도도 크게 바뀌게 되었다. 즉 1906

---

47) 『제1차 한국시정연보』 pp.106~112.

년 2월 경시청 관제를 개정하여 경시청의 소관업무를 한성 내의 경찰과 소방消防에 관한 사무로 축소하고, 경무사(1명, 칙임), 경무관(8명, 주임), 주사(6명, 주임), 총순(24명, 판임) 등의 직원을 두도록 하였다.[48] 6월에는 지방 경찰제도도 고쳐서 각 관찰부에 도의 경찰사무를 관장할 경무서를 설치하고 경무관을 서장署長으로 임명토록 하였다. 또한 각 도의 중요 지역에 경무분서警務分署를 설치하고, 순검의 총 인원을 1,273명으로 정하였다.[49] 이와 같이 지방 13도에 경무서·경무분서·분파소를 설치하고, 각 도에 1명씩의 경무관과 경무분서장警務分署長인 총순, 그리고 그 밑에 권임權任·순검巡檢을 두었던 것이다. 그런데 한국측의 이 같은 경무서·경무분서·분파소는 실은 고문경찰의 고문지부·분견소·분파소와 이명동체異名同體로서 상호 표리表裏관계를 이루도록 계획된 것이었다.[50]

경찰제도의 개정이 이루어진 1906년 10월 1일에는 내부령內部令 제12호로 13도의 경무서·분서·분파소의 경찰관 배치 정원 규정이 마련되었다.[51] 이에 따른 각 도의 경찰관서 수 및 경찰관 정원은 다음의 <표 6>과 같다. 이 표에 보이는 바와 같이 경찰관서는 경무서가 각 도에 1개소씩 모두 13개소, 분서는 각 도 2개소씩 모두 26개소였고, 분파소는 전국적으로 299개소였다. 분파소는 경북이 37개소로 가장 많았으며, 그 다음은 경기가 36개소로 나타나고 있다. 또한 경찰관 정원을 보면 경무관이 각 도에 1명씩이었고, 총순은 각 도에 보통 3명씩이었으며, 권임은 각 도에 4명~8명씩 배치하도록 규정되었다. 따라서 전국적으로는 경무관이 13명, 총순 39명, 권임 82명, 순검 1,991명으로서 13도의 경찰관 총정원은 2,125명에 달하였다. 그러나 이러한 정원규정에도 불구하고 전시戰時 또는 사변事變

---

48) 『관보』 3379호 (광무 10년 2월 17일).
49) 『관보』 3486호 (광무 10년 6월 22일).
50) 『제1차 한국시정연보』 pp.110~111.
51) 『관보』 3589호 (광무 10년 10월 20일).

을 당해 내부대신이 필요하다고 인정하는 때에는 임시로 정원 외에 경찰관을 임용할 수 있도록 규정함으로써 일제가 필요로 할 경우 언제든지 경찰관을 증원할 수 있는 길을 열어 놓았다.[52]

〈표 6〉 지방의 경찰관서 수 및 경찰관 정원

(1906년 10월 1일 현재)

도 명	경찰관서수				경찰관정원				
	경무서	분 서	분파소	합 계	경무관(주임)	총 순(판임)	권 임	순 검	합 계
경 기	1	2	36	39	1	3	8	223	235
충 북	1	2	15	18	1	3	6	109	119
충 남	1	2	34	37	1	3	6	189	199
전 북	1	2	24	27	1	3	6	154	164
전 남	1	2	28	31	1	3	6	175	185
경 북	1	3	37	41	1	4	8	231	244
경 남	1	2	28	31	1	3	6	184	194
강 원	1	2	23	26	1	3	6	149	159
황 해	1	1	21	23	1	2	4	138	145
평 북	1	2	18	21	1	3	6	125	137
평 남	1	2	19	22	1	3	6	138	148
함 북	1	2	6	9	1	3	6	79	89
함 남	1	2	10	13	1	3	6	97	107
합 계	13	26	299	338	13	39	82	1,991	2,125

(『관보』 3589호(광무 10년 10월 20일)에 의함)

이러한 경찰관 정원 규정은 1907년 7월 1일 개정되어 경무관 13명, 총순 64명, 권임 136명, 순검 2,129명, 총계 2,342명으로 증원되었다. 이것을 전년도 10월과 비교하면 총순 25명, 권임 54명, 순검 138명 등 모두 217명이 늘어났다. 동시에 분파소가 분서로 승격됨에 따라 분서는 51개소로 늘고,

---

[52] 『관보』 3889호(융희 원년 10월 5일).

분파소는 285개소로 줄어들게 되었다.[53]

한편 일본인 고문경찰은 1907년 제2기 경무확장계획에 따라 새로이 경부 26명, 순사 600명을 증빙增聘하였다. 이들 가운데 경부는 신설된 분견소 14개 소에 각 1명씩을 배치하고 각 도 지부에 1명씩을 증원하였다. 순사는 신설 분견소 외에 종래 보조원을 배치하지 않았던 부府·군郡 51개소와 탈세취체脫稅取締 등 특별히 배치를 요하는 15개소에 배치하고, 국고취급國庫取扱 및 재무관리 주파지派駐地 등 130개소의 분파소에도 증원하였다. 그리하여 경찰관의 배치를 점차 주밀周密하게 하였다. 동시에 번역관보通譯官補 4명, 고문의顧問醫 47명을 증빙하여 각 도 지부와 분견소에 배치하였다.[54] 이로써 고문경찰은 종래에 비하여 조직이 거의 배가倍加되었다.

그 후 1907년 7월에 맺어진 한일신협약에 의하여 일본인을 한국 관리로 임용하게 됨에 따라 같은 해 8월 경무고문 환산중준丸山重俊이 경시총감警視總監에 임명되고, 각 도 경무고문 지부의 보좌관은 각 도의 경시에 각각 임명되었다.

같은 해 10월 30일에는 고문경찰제도가 폐지됨으로써 경무고문 지부의 직원을 한국 경찰의 경시·경부·순사에 임용하는 칙령이 공포되어 다수의 일본인 경찰관이 한국정부에 임용되었다. 칙령 제29호 '경찰관리 임용에 관한 건'에 의하면, '현재 정부에서 용빙하고 있는 경무고문부 직원은 별도로 사령辭令을 내리지 않고 현급現給에 의하여 보좌관은 경시로, 보좌관보는 경부로, 보조원은 순사로 임용한다'라고 규정하였다.[55] 이로써 전국의 경찰은 내부대신의 관리 아래 내부 경무국에서 그 사무를 총괄하게 되었다. 동시에 통감부 및 이사청의 경찰관제도도 폐지되었다.[56] 이에 따

---

53) 『관보』 3817호 (광무 11년 7월 13일).
54) 『제1차 한국시정연보』 p.112.
55) 『관보』 3912호 (융희 원년 11월 1일).
56) 『제1차 한국시정연보』 pp.118~120.

라 한국 경찰과 일본 경찰이 하나로 합쳐지게 되어 한국의 경찰권은 완전히 일제에게 넘어가고 말았다.

통합 당시의 일본인 경찰관 수를 보면, 통감부의 경무부 소속이 경시 5명, 경부 42명, 순사 500명이었고, 고문경찰은 보좌관 21명, 보좌관보 78명, 보조원 1,205명이었다.[57] 따라서 경무부와 고문경찰을 합하면, 경시(보좌관) 26명, 경부(보좌관보) 120명, 순사(보조원) 1,705명으로서 총인원은 1,851명에 달하였다.

통합이 완료된 1907년 말 에는 경찰조직도 정비되어 내부內部에 경무국을 설치하고, 내부대신 직할로 황궁皇宮과 한성부 및 경기京畿를 관할하는 경시청(종전의 경무청)과 각 도의 경찰서(종전의 경무서)를 설치하였다. 1907년 12월 13일 칙령 제39호로 공포된 개정 경시청 관제에 따르면, 경시청 직원으로 경시청 1명(칙임), 경시부감 1명(칙임 또는 주임), 경시 12명(주임), 경찰의 5명(주임 또는 판임), 경부 58명(판임)을 두도록 하였다. 그 밖에 순사를 두되 판임관 대우로 하며, 필요에 따라 기사・번역관(주임)과 기수・번역관보(판임)를 둘 수 있도록 규정하였다.[58] 이러한 경시청 직원의 정원은 1908년 7월 관할구역에서 경기가 제외됨으로써 경시 10명, 경찰의 2명, 경부 60명으로 감축되었다.[59] 경시청 관제와 동시에 지방관제도 개정되어 13도에 경시 27명, 경부 147명을 둘 수 있도록 하였다.[60] 또한 칙령 제69호로 총순・권임・순검의 직에 있는 자는 별도로 사령을 내리지 않고 현급에 의하여 총순은 경부로, 권임과 순검은 순사로 임용토록 하였다.[61]

이와 함께 내부령內部令 제5호로 순사채용규칙을 제정, 공포하였다.

---

[57] 『제1차 한국시정연보』 p.120.
[58] 『관보』 호외 (융희 원년 12월 18일).
[59] 『관보』 4133호 (융희 2년 7월 20일).
[60] 『관보』 호외 (융희 원년 12월 18일).
[61] 『관보』 호외 (융희 원년 12월 29일).

1908년 1월 1일부터 시행토록 한 이 규정에 의하면 신체검사 및 학술시험에 합격한 자를 순사로 채용하되, 연령은 20세 이상 44세까지로 제한하였다. 학술시험은 신체검사에 합격한 자에게 행하도록 하고, 이를 필기시험과 구술시험으로 나누어 필기시험에 합격한 자에게 구술시험을 행하도록 규정하였다. 학술시험 과목은 경찰법규 · 형사법령 · 역사 · 지리 · 작문 · 필사筆寫 · 산술算術 등으로 이루어져 있었다.62) 그리고 순사는 1909년 5월 1일에 공포된 경찰관특별임용령에 의하여 순사고시巡査考試에 합격하면 경부로 임용될 수 있었다. 또한 경시는 2년 이상 경부의 직에 근무하고 성적이 우수한 자 가운데 고등전형위원高等銓衡委員의 전형을 거쳐 임용하도록 규정하였다.63)

1908년 7월에는 다시 지방관제의 일부를 개정하여 각 도에 내무부 및 경찰부를 설치하고, 그 밑에 경찰서를 두도록 하였다. 경찰부는 경찰 · 위생 · 민적民籍 · 이민移民에 관한 사항을 관장토록 하였으며, 각 경찰부에는 부장 외에 일본인 경부 1명, 일본인 순사 3명, 조선인 순사 2명을 배치하였다. 경찰부장은 경시로 충원하고, 경찰서장은 경시나 경부로 충원하여 경찰사무를 관장토록 되어 있었다. 경찰관 정원은 경시가 31명으로, 경부는 162명으로 각각 증원되었다.64) 이 개정 관제에 따른 임용상황에 의하면 각 도의 경찰부장과 그 산하의 경찰서장에는 모두 일본인이 임용되었다.65)

앞에서 살펴본 관제개정으로 인하여 증가를 거듭한 지방 경찰관서 수를 <표 7>에 연도별로 표시하였다. 이 표에 의하면 1906년 말 338개소였던 지방 경찰관서는 그 후 계속 증가하여 1909년 말에는 474개소로 늘어났다. 1906년 말 보다 무려 40.2%가 증가한 것이다. 이 같은 경찰관서의 증

---

62)『관보』3964호.(융희 2년 1월 7일).
63)『관보』4366호.(융희 3년 5월 5일).
64)『관보』4133호.(융희 2년 7월 23일).
65)『관보』4136호.(융희 2년 7월 27일).

가는 한국민에 대한 통제를 강화하기 위한 의도에서 나온 것임은 물론이다. 경찰관서는 1908년 말에 크게 증가하였는데, 이는 1908년 1월의 개정 관제 실시에 따라 지방의 거의 모든 경찰분서를 경찰서로 승격시켰기 때문이다.

또한 순사주재소는 1908년에 거의 1개 군郡에 1개소 꼴로 설치하여 같은 해 말에는 402개소에 이르렀다. 이에 따라 순사주재소 1개소의 관할구역은 1리~30리가 되었다. 1909년 말에는 경찰서와 순사주재소를 대폭 증설하여, 같은 해 말 현재 지방 경찰관서의 총수는 경찰서가 88개소, 순사주재소가 386개소로 증가되었다. 이러한 지방 경찰관서 외에 서울에는 1908년 말 현재 경시청 소속의 경찰서 5, 경찰분서 2, 그리고 순사주재소 3개소가 있었다.

〈표 7〉 지방 경찰관서 수의 변동

연 도	경찰서 (경무서)	분서	순사주재소 (분파소)	합계
1906년 말	13	26	299	338
1907년 말	28	43	337	408
1908년 말	65	1	336	402
1909년 말	88	0	386	474

(『관보』 3589호, 『제2차 한국시정연보』 p.52, 『제3차 한국시정연보』 p.59에 의함)

이어서 1908년 말 현재 전국의 경찰관 배치 인원을 보면, 다음의 <표 8>에 나타나는 것처럼 내부 경무국 25명, 경시청 1,178명, 각 도 3,830명으로 총 인원은 5,033명에 달하고 있다. 이 가운데 조선인은 63.0%인 3,171명이고, 일본인은 37.0%인 1,862명이었다. 관직별로는 경시 46명, 경부 222명, 순사 4,765명으로 나타나고 있다. 이들 가운데 일본인은 경시 29명(63.0%), 경부 125명(56.3%)으로 다수를 차지하고 있었으며, 조선인은 순사의 64.1%

로서 다수를 이루고 있었다. 따라서 다수의 일본인 간부 경찰관들이 경찰의 실권을 장악하고 조선인 순사들을 지휘하면서 한국민을 탄압했음을 보여주고 있다.

〈표 8〉 전국의 경찰관 배치인원

(1908년 말 현재)

관할청	경시(주임)		경부(판임)		순사(판임대우)		합계		
	조선인	일본인	조선인	일본인	조선인	일본인	조선인	일본인	합계
경무국	0	5	0	10	0	10	0	25	25
경시청	4	6	34	26	790	318	828	350	1,178
각도	13	18	63	89	2,267	1,380	2,343	1,487	3,830
합계	17	29	97	125	3,057	1,708	3,171	1,862	5,033

(『제2차 한국시정연보』 p.52 에 의함)

경찰관 배치 인원 가운데 1908년 말의 각 도 순사 배치 인원을 구체적으로 살펴보면 <표 9>와 같다. 총 3,647명의 지방 순사 중 경북이 390명으로 가장 많았고, 함북이 180명으로 제일 적었다. 평균적으로 각 도마다 280명의 순사가 배치되었고, 이 가운데 조선인은 174명, 일본인은 106명으로 추산된다. 전체적으로는 조선인이 2,267명으로 62.2%였으며, 일본인은 1,380명으로 37.8%를 차지하고 있었다. 일본인 순사의 비율이 가장 높은 곳은 경남으로 42.7%였고, 가장 낮은 곳은 충남으로 33.8%로 나타나고 있다.

〈표 9〉 각 도 순사 배치인원

(1908년 말 현재)

도명	조선인		일본인		합계
	인원	%	인원	%	
경기도	243	64.1	136	35.9	379
충청북도	117	60.0	78	40.0	195
충청남도	223	66.2	114	33.8	337
전라북도	181	62.0	111	38.0	292
전라남도	199	62.6	119	37.4	318
경상북도	251	64.4	139	35.6	390
경상남도	212	57.3	158	42.7	370
강원도	166	63.8	94	36.2	260
황해도	129	65.5	68	34.5	197
평안북도	167	62.3	101	37.7	268
평안남도	147	60.2	97	39.8	244
함경북도	106	58.9	74	41.1	180
함경남도	126	58.1	91	41.9	217
합계	2,267	62.2	1,380	37.8	3,647

(『제2차 한국시정연보』 p.53에 의함)

다음으로 1909년 말의 전국 경찰관 인원을 <표 10>을 통해 살펴보면, 경시 47명, 경부 257명, 순사 5,032명으로 총 인원은 5,336명이었다. 이를 전년도 말과 비교하면 경시가 1명, 경부가 35명, 순사가 267명 증가하였고, 전체적으로는 303명이 늘어 6.0%의 증가율을 보였다. 국적별로는 일본인이 경시 36명(76.6%), 경부 156명(60.7%), 순사 1,855명(37.5%)로서 전년도에 비하여 경시 7명, 경부 31명, 순사 177명 등 모두 215명이 늘어났다. 전체적인 일본인 비율도 1.9% 상승하여 38.9%에 이르게 되었다. 반면 조선인은 전년도 보다 경시와 경부가 각기 6명씩 감소하였고, 순사는 90명 증가에 그쳐 전체 인원에서 차지하는 비율도 61.1%로 줄어들었다.

따라서 경찰관은 점차 일본인의 비율이 높아지는 추세에 있었으며, 특히 간부급인 경시·경부의 증가율이 두드러졌다고 할 수 있다. 이러한 경찰관 인원과 국적별 비율은 그대로 총독부시기로 이어졌다. 즉 총독부 초기인 1910년 보통경찰관의 총 인원은 5,848명이었는데, 그 가운데 조선인은 59.0%인 3,455명이었던 것이다.66) 그러므로 총독부기의 경찰제도는 통감부기에 그 원형이 거의 완성되었다고 볼 수 있다.

〈표 10〉 전국 경찰관 인원

(1909년 말 현재)

국적	경시 (주임)		경부(판임)		순사(판임대우)		합계	
	인원	%	인원	%	인원	%	인원	%
조선인	11	23.4	101	39.3	3,147	62.5	3,259	61.1
일본인	36	76.6	156	60.7	1,885	37.5	2,077	38.9
합계	47	100	257	100	5,032	100	5,336	100

(『제3차 한국시정연보』 p.59에 의함)

지금까지 살펴본 한국 경찰제도는 1910년 6월 강압적으로 교환된 '한국경찰권위탁각서'에 의하여 같은 해 6월 30일 전폐全廢되었다.67) 이에 따라 서울의 경찰을 통감부 직할로 편입시켰으며, 지방에서는 관찰사의 경시(경찰서장), 경부(경찰분서장) 지휘권을 삭제하여 경찰권을 박탈하였다.68) 또한 종래 경시(문관)를 각 도의 경찰부장에 임용하던 것을 고쳐 헌병분대장憲兵分隊長인 중좌·소좌(무관)로 하여금 경무부장을 겸임토록 하였다.69) 그리하여 무단적인 새로운 헌병경찰제도가 출현하여 총독부기로 이어지게 되었다.

---

66) 박은경, 앞의 논문, p.42.
67) 각서 제1조에는 '한국의 경찰제도가 완비될 때까지 한국정부의 경찰사무를 일본정부에 위탁 한다' 라고 되어 있었다.(산변건태랑, 앞의 책, p.226)
68) 『관보』 호외 (융희 4년 6월 30일).
69) 대동출판협회 편, 『조선병합10년사』, 1924, p.197.

다음은 경찰제도와 밀접한 관련이 있는 헌병제도에 대하여 살펴보도록 하겠다. 한국에 있어서 일본 헌병의 주차駐箚는 1896년 2월 군용 전신電信을 수비한다는 명분 하에 임시헌병대를 편성, 파견함으로써 시작되었다. 그 후 1903년에는 한국주차헌병대가 창설되었고, 이듬해에는 서울에 주차군사령부가 설치되어 헌병대를 지휘하게 되었다. 통감부가 설치된 1906년 2월에는 주차헌병대가 통감의 지휘·감독을 받도록 하였다. 이에 따라 헌병은 군사경찰 외에 사법경찰과 행정경찰까지 관장하게 되었다. 같은 해 10월에는 헌병조례의 개정에 의하여 한국주차헌병대를 해산하고 제14헌병대를 창설하였다.

1907년 7월 한일신협약 체결 이후 한국인의 봉기가 격화되자 일제는 치안유지의 명분으로 헌병을 증파하였다. 이와 함께 헌병조례를 개정하여, 헌병은 통감에게 예속되어 주로 치안유지를 담당하는 한편, 주차군사령관의 지휘를 받으며 군사경찰을 담당하도록 이원화되었다. 또한 제14헌병대를 한국주차헌병대로 다시 개칭하여 그 본부를 서울에 두고 7개 분대를 나누어 전국에 배치하였으며 그 밑에는 분견소를 증설하였다.

한편 한국정부는 1908년 6월 폭도暴徒의 진압 및 안녕질서의 유지를 명분으로 헌병보조원을 창설하여 일본 헌병대의 지휘 아래 직무를 수행토록 하였다.[70] 6월 16일 군부령軍部令 제3호로 공포된 '헌병보조원채용 규정'을 보면, 헌병보조원의 임무는 '헌병과 일체로 각지에 주재駐在하며 헌병의 근무를 방조幇助하여 안녕질서의 유지에 관한 근무에 복무한다'라고 되어 있었다. 헌병보조원에 지원할 수 있는 자격은 만 20세 이상 45세 이하의 신체 건전하고 국문을 해득할 수 있는 자로 제한하였다.[71] 또한 '헌병보조원 모집에 관한 규정'에 의하면 헌병보조원의 결원缺員 보충은 한

---

70) 『제1차 한국시정연보』 pp.122~127.
71) 『관보』 4104호(융희 2년 6월 19일) 군부령 제3호.

국주차헌병대장이 행하되, 한국 군부대신은 필요에 따라 지방관에게 명하여 이를 원조하도록 규정하였다.72)

헌병보조원의 정원은 약 4,000명으로서 주로 해산군인을 모집하였다. 헌병보조원은 일본 헌병 1명에 대하여 2명 내지 3명을 배속시켜 그 지도·감독 아래 폭도의 수색, 민정의 정찰 등 제반 임무를 수행토록 하였다.73) 1908년 6월에는 제1회 요원 4,065명을 모집하였다. 그리하여 헌병장교 이하와 보조원을 포함하여 1908년 말에 한국주차헌병대의 인원은 6,000명을 넘어섰다. 이와 같은 헌병대는 군대해산 후 소위 한국의 치안유지에 가장 중요한 역할을 수행하였다.74)

1908년 3월에는 분견소를 2배 이상 증가시켰으며,75) 같은 해 11월 이후에는 주차헌병대의 편제編制를 고쳐 분견소와 파견소를 증설하였다.76) 이에 따라 1908년 말 현재 주차헌병대의 편제는 다음의 <표 11>에 보이는 것처럼 본부 1, 분대 7(서울·평양·천안·대구·영산포·함흥·간도), 관구管區 51, 분견소分遣所 452, 파견소派遣所 13개소에 이르렀다. 1년 후인 1909년 말에는 관구 6, 파견소 18, 출장소 4개소가 증설되었다.

또한 헌병의 인원을 보면, 1908년 말 현재 일본인 헌병이 2,374명이었고, 한국인 헌병보조원이 4,234명으로 모두 6,608명이었다. 따라서 헌병 1명에 약 2명의 헌병보조원이 배속되어 있었던 것으로 보인다. 1909년 말에는 전년도에 비하여 헌병은 거의 변동이 없었으나, 헌병보조원은 150여명 증가하였다.

---

72) 『관보』 4099호(융희 2년 6월 13일) 칙령 제31호. 헌병보조원 지원자는 소재(所在) 헌병분대 분 견소 및 파견소나 군아(郡衙)에 원서를 제출하도록 되어 있었다.(『관보』 4104호, 융희 2년 6월 19일, 군부고시 제1호)
73) 통감부 편, 『제2차 한국시정연보』 p.60.
74) 『제1차 한국시정연보』 pp.126~127.
75) 『제2차 한국시정연보』 p.59.
76) 『제3차 한국시정연보』 p.60.

〈표 11〉 주차헌병대 및 헌병 인원

연도	본부	분대	관구	분견소	파견소	출장소	일본인 헌병	조선인 헌병보조원	합계
1908년 말	1	7	51	452	13	0	2,374	4,234	6,608
1909년 말	1	7	57	457	31	4	2,369	4,392	6,761

(『제3차 한국시정연보』 p.60에 의함)

4. 교원

통감부기에 일제는 일본인, 즉 학부차관 표손일(俵孫一)을 비롯한 관료와 각급 학교의 교원들을 통해 한국 교육의 정책결정·행정집행·교육실무 등을 장악하여 그들의 지배를 뒷받침할 수 있는 교육을 한국인에게 강요하였다.

일제는 통감부 설치 이래 신교육제도의 확립이라는 명분 아래 보통학교령 등 제학교령(諸學校令)을 제정 또는 개정하여 서울과 지방 중요 지역에 관·공립 보통학교를 설치하는 동시에 사범학교·외국어학교 등 고등 정도의 각종 학교를 개편하였다. 그러나 이러한 개편이 복잡한 관제를 단순화하고 교육과정을 간단하게 하여 실용에 적합하도록 한다는 명분에도 불구하고 그 근본적인 목적은 일본인 교원을 관·공립학교에 배치하여 식민교육을 부식하려는 데 있었다.[77]

1906년 8월 칙령 제40호로 공포된 학부직할 학교 및 공립학교 관제에 의하면, 학부직할의 관립학교에는 보통학교·성균관·한성사범학교·한성고등학교·한성일어학교·한성한어(중국어)학교·한성영어학교·한성덕어(독어)학교·한성법어(불어)학교·인천일어학교 등이 있었다. 또한 관·공립학교에는 학교장(칙임 또는 주임)·교관(판임)·부교관(판임)·학원감(교관

---

77) 권태억, 앞의 논문, p.240.

또는 부교관이 겸임) 등의 교원과 서무·회계를 담당하는 서기(판임) 등의 직원을 두도록 규정되었다.[78]

이와 동시에 칙령 제41호~44호로 사범학교령·고등학교령·외국어학교령·보통학교령을 새로 제정, 공포하였다. 이들 학교령에 규정된 관립학교의 교육목적을 보면, 사범학교는 보통학교 교원 양성, 고등학교는 남자에게 필요한 고등보통교육 실시, 외국어학교는 외국어에 능숙하여 실무에 적합한 인재의 양성에 있었다. 그리고 보통학교의 교육목적은 도덕교육 및 국민교육 실시였다.[79] 이를 통하여 통감부기 교육의 주안점이 일제의 통치에 순응하는 신민臣民의 양성에 있었음을 알 수 있다.

위와 같은 관제의 제정과 더불어 학부직할학교 직원 정원령이 다음의 <표 12>와 같이 마련되었다. 이에 따르면 관립 보통학교와 성균관을 제외한 8개 관립 학교의 정원은 교장 3명, 교관 및 부교관 45명, 교원 및 부교원 5명, 서기 9명 등 총 62명이었다. 교장은 한성사범학교·한성고등학교·인천일어학교에만 배치되었는데, 한성의 각 외국어학교장은 1명 또는 2명으로 겸임케 하되 시의時宜에 따라 매 학교에 학교장 1명씩을 둘 수 있도록 하였다. 학원감學員監과 교원 및 부교원은 한성사범학교에만 배치하고, 교원·부교원은 한성사범학교 부속 보통학교의 교육을 맡도록 하였다. 또한 한성사범학교를 제외한 학교에는 4명~8명씩의 교관·부교관과 1명씩의 서기를 두었다.[80]

---

78) 『관보』 3546호 (광무 10년 8월 31일).
79) 위와 같음.
80) 『관보』 3553호 (광무 10년 9월 8일) 칙령 제45호.

〈표 12〉 관립학교 교직원 정원

(1906년 9월 현재)

학교명	교장 (주임또는 판임)	교관 및 부교관 (주임·판임)	학원감 (겸임)	교원 및 부교원 (판임)	서기 (판임)	합계
한성사범학교	1	7	(2)	5	2	15
한성고등학교	1	8			1	10
한성일어학교		8			1	9
한성한어학교		4			1	5
한성영어학교		6			1	7
한성덕어학교		4			1	5
한성법어학교		4			1	5
인천일어학교	1	4			1	6
합계	3	45	(2)	5	9	62

(이 표에서는 관립 보통학교와 성균관은 제외하였음. 한성사범학교·한성일어학교·한성법어학교 교장은 학부 편집국장이 겸임. 한성한어학교·한성영어학교·한성덕어학교 교장은 학부 참서관이 겸임. 인천일어학교 교장은 인천 감리(監理)가 겸임.『관보』3553 호, 광무 10년 9월 8일에 의함)

    1907년 12월에는 학부직할학교 및 공립학교 관제를 개정하여 관립 한성일어학교·한어학교·영어학교·덕어학교·법어학교 등 5개교를 관립 한성외국어학교로 통합하고, 평양일어학교를 신설하였다. 또한 학교장 밑에 학교장을 보좌하는 학감(주임)을 신설하였다. 이와 함께 교원의 명칭도 바꾸어 교관·부교관은 교수·부교수로 개칭하였으며, 한성사범학교의 교원·부교원을 훈도(訓導)·부훈도(副訓導)로 개칭하여 부속 보통학교 교육에 종사하도록 하였다.[81]

    이와 같은 관제개정에 따라 교직원 정원령도 다음 표와 같이 개정되어

---

[81]『관보』호외(융희 원년 12월 18일) 칙령 제55호.

1908년 1월 1일부터 시행되었다. 이에 의하면 총 정원은 평양일어학교의 증가 등에 의하여 1906년 9월 보다 21명이 늘어났다. 특히 교관·부교관의 증가폭이 커서 매 학교에 1~3명씩 증원되었다.[82] 학부직할학교 직원 정원령은 1909년 2월에 다시 개정되어 한성사범학교 교수 및 부교수가 14명, 학원감이 5명, 훈도 및 부훈도가 7명으로 각각 증원되었다. 동시에 평양일어학교 교수·부교수 정원도 6명으로 늘어났다.[83]

〈표 13〉 관립학교 교직원 정원

(1908년 1월 1일 현재)

학교명	교장 (칙임또는 주임)	학감 (주임)	교수· 부교수 (주임· 판임)	학원감 (겸임)	훈도· 부훈도(판 임)	서기 (판임)	합계
한성사범학교	1	1	9	(2)	6	2	19
한성고등학교	1	1	10	(1)		1	13
한성외국어학교	1	1	29	(5)		5	36
인천일어학교	1	1	5	(1)		1	8
평양일어학교	1	1	4	(1)		1	7
합계	5	5	57	(10)	6	10	83

(관립 보통학교 및 성균관 제외.『관보』호외 (융희 원년 12월 18일) 칙령 제56호에 의함)

그러면 실제 교원의 수가 어떠하였는가를 알아보도록 하겠다. 먼저 1908년 6월 말 현재 학부직할 관립 학교의 직원과 학생 수를 <표 14>에 나타내었다. 이 표에 의하면 성균관을 제외한 전국의 관립 학교 수는 한성사범학교·한성고등학교·한성외국어학교·인천일어학교·평양일어학교의 5개교와 서울 소재의 보통학교 9개교를 합쳐 모두 14개교였다. 여기에서 근무한 교직원은 모두 146명이었는데, 이 가운데 조선인은 76.0%인

---

82)『관보』호외 (융희 원년 12월 18일) 칙령 제56호.
83)『관보』4299호 (융희 3년 2월 12일) 칙령 제8호.

111명이었고, 일본인은 24.0%인 35명으로 나타나고 있다. 따라서 조선인이 일본인보다 3배 이상 많았으나, 일본인도 적지 않은 수가 모든 학교에 고르게 분포되어 있었음을 보여주고 있다.

일본인 교직원의 비율은 특히 고등정도 학교가 높아 30.9%였지만, 보통학교는 15.4%에 머물렀다. 따라서 사범학교를 비롯한 고등정도 학교에 일본인을 집중적으로 배치하여 일제의 지배에 순응하는 신민(臣民)이나 친일파 양성에 주력하였음을 알 수 있다.

이를 좀 더 구체적으로 살펴보면, 관·공립학교의 교장은 모두 조선인을 임용하였다. 그러나 고등정도 학교의 교장은 주로 학부의 관리가 겸임하였고,[84] 관립 보통학교 교장은 훈도가,[85] 공립 보통학교 교장은 전·현직 군수가 겸임하였다.[86] 반면 관립 학교의 학감과[87] 관·공립 보통학교 교감(훈도가 겸임)에는 일본인이 배치되었다.[88] 또한 교수·부교수에는 주로 일본인이, 훈도·부훈도에는 조선인이 임용되었다. 따라서 명목상의 조선인 교장 밑에 학감·교감·교수 등의 일본인 교원들이 학교의 실권자로서 교육현장을 장악하고 있었다고 할 수 있다. 결국 일제는 위로는 학부차관 등을 통하여 교육정책을 좌우하고, 아래로는 교감·학감 등의 교원을 통하여 교육행정을 장악하였던 것이다.

또한 당시 관립 학교의 학생 수는 한성사범학교 112명, 한성외국어학교 632명, 인천일어학교 60명, 평양일어학교 99명, 한성고등학교 118명 등 고등정도 학교의 학생이 모두 1,091명이었다. 보통학교 학생은 1,847명으로 보통학교 1개교 당 평균 학생수는 205명 정도였다. 그리고 전년도 졸업생

---

84) 『관보』 3553호 (광무 10년 9월 8일).
85) 『관보』 4269호 (융희 3년 5월 6일).
86) 『관보』 3914호 (융희 원년 11월 4일) 및 4156호 (융희 2년 8월 24일).
87) 『관보』 3970호 (융희 2년 1월 14일) 및 4396호 (융희 3년 6월 7일).
88) 『관보』 3988호 (융희 2년 2월 4일) 및 4376호 (융희 3년 5월 14일).

은 고등정도 학교 156명, 보통학교 180명 등 모두 336명으로 나타나고 있다.

〈표14〉 관립학교 교직원 및 학생 수

(1908년 6월 말 현재)

학교	학교수	교직원수			학생수	전년도 졸업자수
		조선인	일본인	계		
한성사범학교	1	8	7	15	112	59
한성외국어학교	1	29	7	36	632	70
인천일어학교	1	5	3	8	60	7
평양일어학교	1	4	3	7	99	12
한성고등학교	1	10	5	15	188	8
보통학교	9	55	10	65	1,847	180
합계	14	111 (76.0%)	35 (24.0%)	146	2,938	336

(성균관 제외. 이밖에 한성고등여학교는 1908년 7월에 개교. 『제1차 한국시정연보』 p.374에 의함)

다음은 1908년 말 현재 지방의 공립 보통학교 직원 및 학생 수를 <표15>를 통하여 살펴보도록 하겠다. 지방 13도의 공립 보통학교 수는 표에 보이는 것처럼 모두 50개교로서, 경기도가 6개교로 가장 많았고, 황해도가 2개교로 제일 적었으며, 각 도 평균은 4개교로 나타났다. 교직원 수를 보면, 전체적으로는 252명이었고, 경기도가 33명으로 가장 많았으며, 각 도 평균 직원수는 19명이었다. 또한 1개교 당 평균 직원수는 5명 정도였던 것으로 추산된다. 교직원 가운데 조선인은 195명으로 77.4%였으며, 일본인은 57명으로 22.6%를 차지하고 있었다. 이러한 일본인 비율은 관립 보통학교의 비율보다 높은 것으로, 지방 공립 보통학교 교직원의 약 1/4 가량이 일본인이었다고 할 수 있다. 평균적으로는 각 학교마다 1명씩의 일본인 교직원이 배치되었던 것으로 보인다. 그리고 공립 보통학교 학생수는 1908년 6월 말 현재 6,064명으로 집계되었다.

〈표 15〉 공립 보통학교 교직원 및 학생 수

(1908년 6월 말 현재)

지방	학교수	교직원수			학생수
		조선인	일본인	계	
경기도	6	25	8	33	713
충청북도	2	7	2	9	255
충청남도	4	13	4	17	512
전라북도	4	15	5	20	623
전라남도	5	19	5	24	587
경상북도	5	21	7	28	615
경상남도	5	18	5	23	565
강원도	3	9	3	12	298
황해도	2	9	2	11	232
평안북도	4	14	4	18	353
평안남도	3	14	4	18	437
함경북도	4	22	5	27	471
함경남도	3	9	3	12	403
합계	50	195 (77.4%)	57 (22.6%)	252	6,064

(『제1차 한국시정연보』 p.375에 의함)

앞에서 살펴본 관립 보통학교와 공립 보통학교의 교직원 및 학생 수를 종합적으로 정리한 것이 <표 16>이다. 이에 의하면 1908년 6월 말 현재 전국의 보통학교는 관립이 9개교(15.3%),[89] 공립이 50개교(84.7%)로 합계 59

---

[89] 1908년 2월 현재 서울의 관립 보통학교는 한성사범학교 부속 보통학교를 비롯하여, 교동·제동·어의동·인현·수하동·정동·매동·경교보통학교 등이었다.(『관보』 3988호, 융희 2년 2월 4일). 이전의 안동보통학교는 1908년 1월에 폐교되었다.(『관보』 3980호, 융희 2년 1월 25일). 1909년 5월에는 경교보통학교가 미동보통학교로 바뀌었다.(『관보』 4374호, 융희 3년 5월 12일).

개교였다. 여기에서 근무한 교원 등의 직원은 관립이 65명, 공립이 252명으로 총 317명이었다. 그 가운데 조선인은 250명(78.9%), 일본인은 67명(21.0%)으로 나타났다. 일본인 교직원의 비율은 관립 학교에 비하여 공립학교가 약간 높았으며, 전체적으로는 1/5정도를 차지하고 있었다. 이밖에 보통학교 학생수는 모두 7,911명으로서, 관립이 23.3%인 1,847명이었고, 공립이 76.7%인 6,064명이었다.

〈표 16〉 관 · 공립 보통학교 교직원 및 학생 수

(1908년 6월 말 현재)

관 · 공립	학교수	교직원수			학생수
		조선인	일본인	계	
관립	9	55 (84.6%)	10 (15.4%)	65	1,847
공립	50	195 (77.4%)	57 (22.6%)	252	6,064
합계	59	250 (78.9%)	67 (21.1%)	317	7,911

(『제1차 한국시정연보』 p.376에 의함)

다음은 1909년 이후 전국의 관·공립학교의 관제변동에 대하여 알아보기로 하겠다. 1909년 말 현재 전국의 관·공립학교에는 보통학교를 비롯하여 사범학교·고등학교·고등여학교·외국어학교·성균관·법학교·실업학교·농림학교·공업전습소 등이 있었다.

이 가운데 보통학교는 1909년 7월 보통학교령 시행규칙을 개정하여 1학급의 정원을 50명에서 60명으로 증가시키고, 수업연한은 3년 이하에서 2년 이내로 단축하였다. 사범학교는 관립 한성사범학교 1개교가 1909년 말까지 유지되었다. 1학급의 정원은 1909년 3월에 40명에서 50명으로 늘어났다.

고등학교의 경우, 1909년 3월의 관제 개정에 따라 관립 평양일어학교를 관립 평양고등학교로 변경함으로써 관립 고등학교 수는 한성고등학교와 함께 2개교로 증가하였다. 한성고등학교의 수업연한은 4년이었고, 평양고등학교는 3년이었다. 고등여학교는 1908년 고등여학교령의 제정에 의하여 같은 해 7월 관립 한성고등여학교가 개교하였다. 외국어학교는 1909년 7월 관제 개정에 따라 관립 한성외국어학교 1개만 남게 되었다. 이 학교에는 일어·영어·불어·독어·한어의 5부로 나뉘어진 본과와 수업연한 1년의 일어 속성과速成科를 설치하였다.[90]

또한 성균관은 1908년의 관제 개정에 따라 학부대신의 관리 하에 문묘文廟를 건봉虔奉하고, 경학經學과 기타 학과를 교수하도록 규정되었다. 그 직원은 관장館長 1명(칙임 또는 주임), 교수敎授 3명(주임 또는 판임) 외에 문묘의 직수直守와 서무庶務에 종사하는 직원直員 2명(판임)으로 구성되었다.[91] 이와 함께 입학자격 20세 이상 30세 이하, 학생정원 30명, 수업연한 3년 등의 학칙개정이 이루어졌다. 또한 경학과經學科 외에 근대적 신학과新學科를 부과하도록 하였다.[92] 교원은 1908년 말의 4명에서 이듬해에는 7명으로 증가하였는데, 모두 조선인을 임용하였다.

법학교法學校는 법관양성소를 개칭한 것으로서 사법권 강탈 후인 1909년 새로이 법학교 관제가 공포됨에 따라 법부로부터 학부소관으로 이관되었다. 법학교 관제에 의하면, 이 학교의 목적은 법관양성에 있었으며, 학교장 이하 교수·조교수·학원감·서기를 두도록 규정되었다. 수업연한은 본과 3년, 예과 1년이었는데, 본과에서는 법률·경제를 주로 가르치고, 예과에서는 보통학普通學을 교수하도록 하였다. 입학연령은 18세 이상으로서, 관립 고등학교 또는 관립 외국어학교 졸업자 등을 본과에, 보통학의 시험에 합격한 자를 예과에 입학시키도록 되어 있었다.[93]

---

90) 『제3차 한국시정연보』 pp.228~236.
91) 『관보』 4216호 (융희 2년 10월 3일) 칙령 제76호.
92) 『관보』 4236호 (융희 2년 11월 5일).

실업학교는 1909년 4월에 제정된 실업학교령에 의하여 설립되어 실업교육을 실시하였다. 실업학교의 종류는 농업학교 · 상업학교 · 공업학교 · 실업보습학교의 4종으로 하고, 이를 다시 관 · 공 · 사립으로 나누었다. 수업연한은 각기 3년으로 하되 별도로 2년 이내의 속성과를 병설할 수 있도록 하였다.94) 이 외에 1909년 5월 관립 인천일어학교의 조직을 고쳐 인천실업학교로 전환시켰다.95)

농업학교는 1906년 8월 경기도 수원에 설립된 학교로서 농상공부의 소관에 속하여 농림업에 필요한 교육을 실시하는 데 목적을 두었다. 교직원은 교장 1명(주임), 교수 5명(주임), 사감司監 1명(주임 또는 판임)을 두도록 규정하였다.96) 1909년 2월에 관제를 개정하여 본과의 수업연한을 3년, 학생정원을 120명으로 고쳤다.97)

그리고 공업전습소工業傳習所는 1907년 2월 칙령 제6호로 설립된 학교로, 농상공부의 소관에 속하였고, 공업에 관한 기술의 전습에 목적이 있었다. 그 직원은 감독 1명(주임), 소장 1명(주임), 기사 6명(주임), 기수 20명(판임), 사감 1명(주임 또는 판임), 서기 3명(판임)으로 이루어져 있었다. 특히 일본인을 초빙하여 사무를 대판代辦케 할 수 있다는 규정이 두어졌다.98) 같은 해 12월에는 관제가 개정되어 감독을 없애고 소장으로 하여금 소내所內의 제반 사무를 장리掌理토록 하였다. 그리고 기사를 4명으로 줄이고, 사감은 2명으로 늘렸다.99) 이 공업전습소에는 염직과染織科 · 도기과陶器科 · 금공과金工科 · 목공과木工科 · 화학과化學科 · 토목과土木科 등이 설치되어 있었

---

93) 『관보』 4517호 (융희 3년 10월 29일) 칙령 제84호.
94) 『제3차 한국시정연보』 p.240.
95) 『관보』 4389호 (융희 3년 5월 29일) 학부 고시 제6호.
96) 『관보』 3545호 (광무 10년 8월 30일) 칙령 제39호.
97) 『제3차 한국시정연보』 p.242.
98) 『관보』 3683호 (광무 11년 2월 7일) 칙령 제6호.
99) 『관보』 3969호 (융희 2년 1월 13일).

다.100)

그밖에 일제는 1909년 7월 각급 학교령 시행규칙을 개정하여 모든 관·공립학교에서 일어와 수신을 필수과목으로 부과하도록 규정하였다. 일어는 보통 일어를 이해하고 사용하는 능력을 기를 수 있도록 독법讀法·해석·회화·작문作文·문법 등을 교수하도록 하였다.101) 이러한 조치는 본격적인 식민통치를 앞두고 일제의 지배를 원활히 하려는 사전 준비작업의 일환이었다고 하겠다.

한편 통감부기에서는 관·공립학교 외에 사립학교에 관한 정비도 이루어졌다. 1908년에 공포된 사립학교령에 의하여 설립인가를 받은 학교는 1909년 말까지 2,180여 개 교에 이르렀다. 즉 보통학교를 제외한 사립학교 수는 고등학교 2, 실업학교 3, 각종학교 1,353, 종교학교 829개 교 등 모두 2,187개교로서 관공립 학교에 비하여 월등히 많았다. 그러나 일제는 불온한 사상을 주입注入시킨다는 이유로 이들 사립학교에 대한 지도·감독을 지속적으로 강화시켜나갔다.102)

1908년 말과 1909년 말의 관·공립 학교의 교원과 학생 수를 비교 정리한 것이 다음의 <표 17>이다. 이 표에 의하면 전국의 관·공립 학교는 1908년 말에 99개교였으나, 1년 뒤인 1909년 말에는 39개교가 늘어나 138개교로 되었다. 교원은 1908년 말의 486명에서 1909년 말에는 710명으로 절반 가까운 증가를 보였다. 이 가운데 조선인의 비율은 1908년 말 74.7%에서 1년 뒤에는 73.2%로 약간 줄어든 반면, 일본인의 비율은 같은 기간에 25.3%에서 26.8%로 늘어났다. 특히 보통학교를 제외한 고등정도 학교의 교원은 일본인의 비율이 상당히 높았다. 즉 1908년 말에는 44.9%였다가 1909년 말에는 49.4%로 증가하여 과반수를 차지하게 되었다. 또한 학생

---

100) 『제3차 한국시정연보』 p.243.
101) 『관보』 부록 (융희 3년 7월 9일).
102) 『제3차 한국시정연보』 pp.244~245.

수는 1908년 말에 11,989명이었지만, 1년 뒤에는 32.4%인 3,886명이 증가하여 15,875명에 이르렀다.

〈표 17〉 관 · 공립 학교의 교원 및 학생 수

(1908년 · 1909년 12월 말 현재)

학교	학교수		교원수						학생수	
			조선인		일본인		합계			
	1908년	1909년	1908년	1909년	1908년	1909년	1908년	1909년	1908년	1909년
보통학교	89	125	293	442	66	114	359	556	10,534	14,199
사범학교	1	1	8	6	6	9	14	15	140	212
고등학교	1	2	10	12	5	13	15	25	172	269
고등여학교	1	1	4	4	3	3	7	7	88	151
외국어학교	3	1	33	27	11	7	44	34	694	443
성균관	1	1	4	7			4	7	30	30
법학교	1	1	5	9	6	10	11	19	135	138
실업학교		4		5		7		12		154
농림학교	1	1	2	4	5	5	7	9	72	101
공업전습소	1	1	4	4	21	22	25	26	124	178
합계	99	138	363	520	123	190	486	710	11,989	15,875

(『제3차 한국시정연보』 pp.230~243에 의함)

III. 궁내부의 일본인 관리

궁내부宮內府는 갑오개혁 때에 설치된 이후 여러 차례의 관제개정을 거쳐 통감부가 설치된 후인 1907년 11월 대대적인 개정이 이루어졌다. 이러한 관제의 개정은 순종純宗의 동태를 살피고 한국 황실皇室을 완전히 장악하려는 일제의 의도에 따라 진행된 것이다. 이 개정에서는 무용無用한 원院·사司를 폐지하고 용원冗員을 도태淘汰시킨다는 명분 아래 종래 25개의 소속 관서를 12개로 감축하였다. 그 12개 궁내부 소속 관서의 업무는 다음과 같았다.

    대신관방大臣官房 : 인사人事·서무庶務·조사調査·어마관리御馬管理
    시종원侍從院 : 상시봉사常侍奉仕·비서秘書·어복어물관수御服御物管守·진후의약診候醫藥·위생사무衛生事務
    장례원掌禮院 : 제의祭儀·전례典禮·악사樂事
    승녕부承寧府 : 공어供御·복어服御·어수물품御需物品
    황후궁皇后宮 : 궁사宮事·내정內廷
    동궁東宮 : 공어供御·복어服御·어수물품御需物品
    규장각奎章閣 : 제실전적帝室典籍 및 문한기록文翰記錄 보관保管, 황실사무皇室事務
    내장원內藏院 : 제실帝室 보물寶物 및 기구器具 보관保管, 제실帝室 경비經費 및 재산회계財産會計 관리管理
    전선사典膳司 : 공어향연供御饗宴
    주전원主殿院 ; 궁전이궁宮殿離宮·어원御苑·전기電機
    제실회계감사원帝室會計監査院 : 제실帝室 재산계산財産計算 및 검사확정檢査確定, 제실회계감사帝室會計監査103)

이러한 궁내부의 본청에는 대신大臣·차관次官을 비롯하여 대신관방의 비서관 2명, 서기관 3명을 두었다. 그리고 시종원 이하 소속 각 관서의 장관은, 시종원·장례원·제실회계감사원은 경卿이라 하고, 승녕부는 총관總管, 규장각은 대제학大提學, 황후궁·동궁은 대부大夫, 전선사는 사장司長,

---
103) 『관보』 부록(융희 원년 11월 29일) 포달 제161호.

종친가직宗親家職은 총판總辦이라 하였다. 그 밑에는 시종侍從· 예식관禮式官· 기사技師· 전의장典醫長· 약사장藥師長 등의 관원이 있었다.[104]

관제 개정에 따른 1907년 11월 현재 궁내부 관리의 정원을 <표 18>로 정리하였다. 이 표에 의하면 궁내부 관리의 총 정원은 310명이었으며, 이 가운데는 친임관이 2명, 칙임관이 34명, 주임관이 71명, 판임관이 133명이었다. 궁내부 관리는 장례원 전사典祀나 규장각 제학提學 등 명예관이 91명이었는데, 이들을 제외한 순수 정원은 219명이다. 소속 관서별로는 장례원의 정원이 96명으로 가장 많았고, 종친가직이 2명으로 가장 적었다.

<표 18> 궁내부 관리의 정원

(1907년 11월 현재)

관서	친임	칙임	칙임 또는 주임	주임	주임대우	판임	합계
대신관방				9		24	33
시종원	1	2	12	6	9	8	38
장례원		1	33 (명예관30)	17 (명예관15)		45	96
승녕부	1	2		11		6	20
황후궁		1		1		2	4
동궁		1		7		2	10
규장각		22 (명예관)	14 (명예관)	10 (명예관)		4	50
내장원		2	1	3		19	25
전선사			1	1		4	6
주전원		1		2		13	16
제실회계감사원		1		3		6	10
종친가직		1		1			2
합계	2	34 (명예관22)	61 (명예관44)	71 (명예관25)	9	133	310 (명예관91)

(『궁내부급소속관청직원록』에 의함)

---

104) 위와 같음.

1907년 한일신협약 체결 이후 내각과 같이 궁내부에도 일본인 관리들이 임용되기 시작하였다. 궁내부에 용빙傭聘된 일본인 관리들은 처음에는 대신관방·내장원 등 궁내부의 수뇌부首腦部에 배치되었으나, 1908년부터 임용범위가 점차 확장되어 승녕부·황후궁 등의 특수한 관서를 제외한 거의 모든 관서에 일본인이 배치되었다. 일본인을 궁내부 관리로 임용하는 경우에는 조선인에게 적용되는 것과 다른 별도로 정한 규정에 의하도록 하였으며,[105] 일본인 관리들의 관등官等과 봉급俸給도 별도의 일본인 관등봉급령이 적용되었다.[106]

　1909년 7월 1일 현재 궁내부의 관리 수는 다음 <표 19>와 같다. 이 표에 의하면 궁내부의 관리 350명 가운데 일본인은 14.9%인 52명이었다. 이를 관등별로 보면 칙임관 1명, 주임관 17명, 주임관 대우 4명, 판임관 16명, 그리고 판임관 대우 14명으로 나타났다. 이처럼 일본인의 비율이 전체적으로는 낮은 수준이었지만, 실권을 가진 대신관방은 45%로 매우 높았다. 그밖에 내장원·어원사무국·규장각·주전원 등의 중요 관서에도 일본인이 다수 배치되어 있었다. 특히 그들은 차관 이하의 요직과 각 관서의 실무 책임자인 과장 및 주사에 많이 임용되었다. 따라서 일본인 관리들은 주요 관서의 요직을 거의 독점함으로써 궁내부의 실권을 장악하고 황실의 동태를 감시·감독하고 있었던 것으로 보인다.

---

105) 『관보』 4345호 (융희 3년 4월 8일) 포달 제1호.
106) 『관보』 부록 (융희 원년 11월 29일) 포달 제161호.

〈표 19〉 궁내부 관리의 인원

(1909년 7월 1일 현재)

관서	관직	관등	인원 조선인	인원 일본인	계	관서	관직	관등	인원 조선인	인원 일본인	계
대신관방	대신	친임	1		1	규장각	경	칙임	1		1
	차관	칙임		1	1		과장	칙임	2		2
	과장	주임	2	2	4			주임		(1)	
	비서관	주임		1	1		사무관	주임		(3)	
	사무관	주임	1	3	4		주사	판임	14	(3)	14
	주사	판임	16	7	23		촉탁	판대	2	1	3
	촉탁	주임		1	1		대제학등		31		31
		판대		4	4		소계		50	1	51
	기타		3		3	주전원	경	칙임	1		1
	소계		22	18	40		이사	주임			1
내장원	경	칙임	1		1		주사	판임	1		7
	부경	칙임	1		1		기수	판임	6	1	6
	과장	주임	2	2	4		촉탁	주임	6		2
	주사	판임	11	4	15			판대		2	2
	기수	판임	4		4		소계		14	5	19
		판대		2	2	시종원 장례원 승녕부 황후궁 동궁 전선사 제실회계심사국 수학원	경 등		37	2	39
	촉탁	주대	2	1	3		경 등		88	(1)	88
		판대	3	4	7		총관 등		19	1	20
	소계		24	13	37		대부 등		4		4
어원사무국	총장	칙임		(1)			대부 등		4		4
	이사	칙임	1		1		사장 등		7	2	9
	부장	주임	1	1	2		경 등		8	1	9
	주사	판임	5	3	8		장 등		12	2	14
	촉탁	주대		3	2						
		판대	1		1						
	소계		8	6	14	합계			298	52	350

(괄호는 겸임. 『궁내부급소속관청직원록』에 의함)

<표 19>에 나와 있는 궁내부의 일본인 관리 수를 관직별로 다시 정리한 것이 <표 20>이다. 이에 의하면 일본인은 차관을 비롯하여 각 관서의 요직이라 할 수 있는 부장·과장·비서관·사무관·감사관·주사 등에 고루 배치되었음을 알 수 있다. 그밖에 촉탁으로 임용된 자들도 상당히 많

아 일본인 관리의 40.4%를 차지하고 있었다. 따라서 이들이 명목상의 책임자인 대신과 각 관서의 장長 등 조선인 관리들을 통제하며 궁내부의 사무를 장악하였던 것이다.

⟨표 20⟩ 궁내부 일본인 관리의 관직별 인원

(1909년 7월 1일 현재)

관직	관등	인원	관직	관등	인원
차관	칙임	1	주사	판임	16
부장	주임	1	기수	판임대우	2
과장	주임	4	촉탁	주임	5
비서관	주임	1		주임대우	4
사무관	주임	3		판임대우	12
감사관	주임	1	합계		52
전의	주임	2			

한편 일제는 한일신협약 체결에 따라 일본인들을 궁내부 관리로 임용하면서 다수의 조선인 관리들을 숙청하였다. 그러면서 해임된 조선인 관리들을 회유하기 위하여 이른바 퇴관은사금退官恩賜金이라는 것을 지급하였다. 궁내부 관리에 대한 퇴관은사금 지급 규정은 1908년 1월에 마련되었다. 이 규정에 의하면 1907년 11월에 포달布達 제161호로 공포된 궁내부 관제의 시행으로 폐관廢官과 퇴관退官된 판임관 이상의 관리에게 퇴관은사금을 지급하도록 하였다.[107]

1907년 말부터 1908년에 걸쳐 진행된 관제개정 결과 폐관 또는 퇴관당한 칙임관 이하의 궁내부 소속 조선인 관리는 1908년 말 현재 166명이었다. 그밖에 궁중숙청宮中肅淸이라는 명분으로 해고된 원역員役, 즉 이서吏胥가 3,809명, 여관女官이 232명, 권임權任·순검巡檢 등이 317명으로 총 4,524명에 달하였다. 이들에게 지급된 은사금의 총액은 31만여 원圓에 이

---

107) 『관보』 3982호(융희 2년 1월 28일) 포달 제171호.

르렀다.108)

궁내부 관리와 더불어 내각 관리들에게도 은사금이 지급되었다. 1908년 1월 칙령 제82호로 공포된 퇴관은사금 지급 규정에 의하면, 은사금의 지급 대상은 1907년 12월에 개정된 관제의 시행에 따라 폐관 또는 퇴관된 판임관 이상의 관리로 규정되었다. 이와 함께 1907년 7월의 군대해산 및 행정개편 결과로 폐관 또는 퇴관된 판임관 이상의 문관에게도 이 규정에 준하여 은사금을 지급하도록 하였다.109) 은사금은 그 밖에 1909년 7월 군부軍部의 폐지로 인하여 해임된 장교將校 등에게도 무관은급武官恩給이라는 명목으로 지급되었다.110)

이와 같이 일제는 제도의 개혁이라는 명분 아래 각종 관제를 개정하여 조선인 관리들을 대량으로 축출하고 그 대신 일본인 관리들은 투입하면서 해고에 따른 불만을 무마하기 위하여 은사금 규정을 만들어 운용하였던 것이다.

IV. 통감부의 일본인 관리

일제는 청일전쟁과 러일전쟁으로 한반도에서 독점적 지위를 확보한 후, 한반도를 지배하기 위한 기구로서 통감부 및 그 부속기관을 설치·운용하였다. 일제는 이러한 통치기구를 통하여 식민지 지배체제를 구축하였다. 그리하여 통감부가 설치된 1906년 이후의 한국사는 통감부에 의하여 주도되었다.111)

---

108) 『제2차 한국시정연보』 p.11.
109) 『관보』 3969호 (융희 2년 1월 13일) 칙령 제82호. 은사금 지급에 대한 세부사항은 각령(閣令) 제1호 퇴관은사금지급규정 시행규칙에 명시되어 있다. (『관보』 3972호, 융희 2년 1월 16일)
110) 『관보』 4443호 (융희 3년 7월 31일) 포달 제9호.
111) 강창석, 「통감부연구」, 영남대 박사학위논문, 1989, pp.3~4.

통감부의 설치 근거는 이미 1905년 11월 17일에 체결된 한일협상조약에 의하여 마련되었다. 이에 따라 1905년 2월 20일 칙령 제267호로 통감부統監府 및 이사청理事廳 관제가 제정, 공포되기에 이르렀다. 이 관제에 의하여 통감부가 정식으로 개청(開廳)되어 업무를 개시하기 시작한 것은 1906년 2월 1일부터였다. 이에 앞서 1905년 12월에 이등박문伊藤博文이 초대 통감으로 임명되었으나 미처 부임치 않은 관계로 임시 통감대리인 육군대장 장곡천호도長谷川好道가 서울에 설치된 통감부의 개청식開廳式을 거행하였다.[112] 이와 동시에 총무장관總務長官에 임명된 학원정길鶴原定吉 이하 통감부 관리들에 의하여 곧바로 통감부와 이사청의 실무가 개시되었다. 그 다음날에는 학원정길鶴原定吉 등의 통감부 관리들이 신임인사新任人事차 고종高宗을 알현謁見하였다.[113]

이러한 과정을 거쳐 설치된 통감부 및 소속 관서의 조직을 1907년 3월 기준으로 표시하면 다음의 <표 21>과 같다. 이 표에 의하면 1907년 3월 현재 통감의 휘하에 통감부 외에 이사청 · 통신관리국 · 철도관리국 · 법무원法務院 · 영림창營林廠 · 재정감사청財政監査廳 · 관측소觀測所 · 권업모범장勸業模範場 등의 8개 소속 관서가 설치되어 있었다. 또한 통감부는 총무부總務部 · 외무부外務部 · 농상공무부農商工務部 · 경무부警務部와 비서과秘書課 등 14개 과로 조직되었다.

---

112) 『고종실록』 권47, 광무 10년 2월 1일.
113) 『고종실록』 권47, 광무 10년 2월 2일.

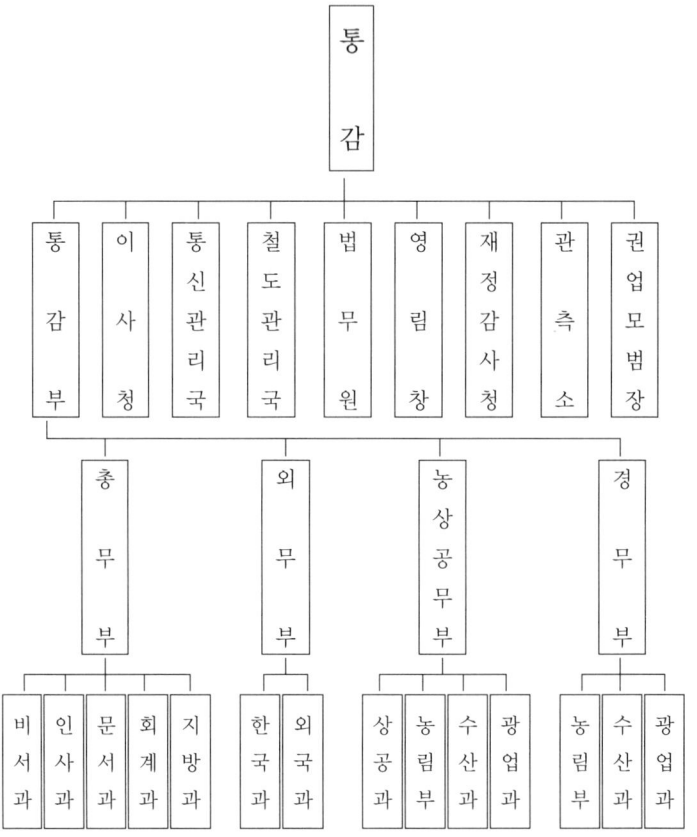

〈표21〉 통감부 및 소속관서의 조직

(1907년 3월 현재)

 이러한 통감부의 조직 가운데 통감統監의 권한을 보면, 통감부 및 이사청 관제에 따라 통감은 친임親任으로 일본 천황天皇에게 직예直隸하며, 외교 및 기타 사무를 한국정부의 내각 총리대신을 거쳐 상주上奏, 재가裁可받도록 되어 있었다. 또한 통감은 통감부의 관리를 통독統督하고 주임관의 진퇴進退는 내각 총리대신을 경유하여 상주하며, 판임관 이하의 진퇴는 전행專行하도록 규정되었다. 그밖에 통감은 내각 총리대신을 경유하여 통감부 관리의 서위敍位·서훈敍勳을 상주할 수 있는 권한도 보유하였다.114)

통감부에는 초기에 통감 외에 다음과 같은 관리들이 배치되어 있었다.

> 총무장관(칙임) 농상공무총장·경무총장(칙임 또는 주임) 비서관(1명, 주임) 서기관(7명, 주임) 경시(2명, 주임) 기사(5명, 주임) 통역관(10명, 주임)
>
> 속屬·경부警部·기수技手·통역생通譯生(45명, 판임)

이러한 정원규정은 1907년 3월에 개정되어 통감부에 외무총장을 두고, 서기관을 6명으로 줄이는 대신, 기사를 10명, 판임관을 59명으로 각각 증원하였다.

1907년 7월 한일신협약의 체결에 따라 통감의 권한을 확장하는 방향으로 통감부 및 이사청의 조직을 개편하고 그 관제를 개정하였는데, 그 내용은 대략 다음과 같다.

> 一. 통감은 한국에 있어서 일본정부를 대표하고 조약 및 법령에 기초한 제반諸般의 정무政務를 통할統轄한다.
> 二. 새로이 통감부에 부통감副統監을 두어 친임으로 하고 통감을 보좌하며 통감 사고事故 시 그 직무를 대리한다.
> 三. 통감 및 부통감 외에 통감부의 직원은 총무과장(칙임), 참여관(2명, 칙임), 비서관(2명, 주임), 서기관(6명, 주임), 기사(4명, 주임), 통역관(9명, 주임), 속·기수·통역생(43명, 판임)으로 한다.

이에 따라 한국 궁내부 및 각부의 차관이었던 자는 통감부 참여관이 되

---

114) 역대 통감은 다음과 같다. 1대, 이등박문(伊藤博文, 1906. 3~1909. 6) 2대, 증이황조(曾禰荒助, 1909. 6~1910. 5) 3대, 사내정의(寺內正毅, 1910. 5~1910. 8)

었다. 구관제와 비교하면 외무 · 농상공무 · 경무의 3총장이 폐관되고, 새로이 참여관 2명을 두고, 비서관 1명을 증원하였으며, 서기관은 증감이 없었다. 그 밖에 기사 6명, 통역관 1명, 판임관 16명이 감소하였고, 경시 및 경부는 모두 폐관되었다.

그 후 1907년 9월 관제 개정 결과 통감부 사무분장 규정을 개정하여 통감부에 통감관방統監官房 · 외무부 · 감사부 및 지방부를 두고, 관방장官房長은 총무장관, 각 부장部長은 총무장관 또는 참여관으로 임명토록 하였다. 또한 통감관방은 문서과 · 인사과 · 회계과로 나누고 과장을 두어 사무를 분장시켰다.115)

이어서 통감부 소속관서의 관제를 보면, 이사청은 1905년 12월 통감부 및 이사청 관제에 따라 한국의 주요지역에 설치되었다. 이사청은 한국의 지방을 지배하고 일본인 거류자들을 보호하기 위한 목적을 지니고 있었다.116) 통감부 개청 때에는 부산 · 마산 · 군산 · 목포 · 경성 · 인천 · 평양 · 진남포 · 원산 · 성진 등 10개소에 이사청이 두어졌으나, 그 후 대구 · 신의주 · 청진의 이사청이 새로 설치되어 1907년 말에는 13개소로 증가하였다. 그 직원으로는 초기에 이사관 · 부이사관(주임), 속 · 경부 · 통역생(판임) 등이 배치되었다. 그 밖에 각 이사청에 순사를 배치하고, 필요에 따라 경시警視와 간수看手를 둘 수도 있었다. 1907년 9월에는 관제개정에 의하여 이사청 관리 가운데 경찰관을 모두 없애고, 각 이사청에 간수장看手長과 간수를 두었다. 1907년 말 현재 이사청의 정원은 이사관 · 부이사관 30명, 속 · 간수장 · 통역생 76명이었다.

통신관리국은 1905년 12월 통감부 통신관서 관제에 의하여 설립되었으며, 한국 내의 우편 · 전신 · 전화 등에 관한 사무를 관장하였다. 통신관리

---

115) 『제1차 한국시정연보』 pp.8~11.
116) 강창석, 「부산이사청을 통해 본 일제의 대한정책」, 『항도부산』 12, 1995, pp.26~27.

국은 서울에 두고 우편국 및 우편소를 전국에 설치하였다. 그 관리는 통신관리국장·사무관·사무관보·통신기사·통신속·통신기수·통신수와 그 밖에 우편국장 및 우편소장으로 구성되었다.

그 밖에 철도관리국은 철도의 건설·개량·보존·운수 등에 관한 사무를, 법무원은 사법司法 사무를 담당하였으며, 영림창은 압록강 및 두만강 연안의 삼림森林 경영에 관한 사무를 맡았다. 재정감사청은 한국 재무에 관한 사항, 관측소는 기상관측에 관한 사무를 각각 관장하였다. 또한 권업모범장은 한국 산업의 발달·개량에 도움이 될 모범模範 및 시험試驗, 한국 물산의 조사, 산업상 필요한 물료物料의 분석·감정鑑定 등을 관장하도록 되어 있었다.

이 가운데 재정감사청은 1907년 9월 통감부 관제개정에 따라 폐지되었고, 관측소는 1908년 3월 폐지된 후 한국정부의 관측소에 사무를 인계하였다. 그리고 권업모범장은 1907년 4월에 한국정부로 이관되었다.[117]

앞에서 살펴본 통감부 및 소속관서의 1907년 3월 현재 관리의 정원을 다음의 <표 22>로 정리하였다. 이 표에 나와 있는 바와 같이 1907년 3월 현재 통감부 및 소속관서의 정원은 통감부 93명, 이사청 106명, 통신관리국 664명, 철도관리국 534명, 법무원 10명, 영림창 33명, 재정감사청 21명, 관측소 20명, 권업모범장 19명 등 총 1,500명에 달하였다. 이를 관등별로 구분하면 친임관 1명, 칙임관 4명, 칙임 또는 주임관 5명, 주임관 201명, 판임관 1,289명이었다. 이러한 정원은 1908년 7월 관제개정에 따라 70명이 늘어나 1,570명이 되었다. 여기에 정원 외의 우편소장(판임) 63명과 한국정부 빙용자聘用者(촉탁 등) 351명을[118] 합하면 1908년 7월 현재 통감부 및 소속관서의 관리 수는 모두 1,984명으로서 거의 2,000명에 이르고 있다.

---

117) 『제1차 한국시정연보』 pp.15~28.
118) 『통감부급소속관서직원록』 참조.

그런데 『통감부급소속관서직원록統監府及所屬官署職員錄』에 의하면 이들은 전원 일본인이었다. 따라서 적어도 1908년 7월까지 통감부 및 소속관서의 관리들은 모두 일본인으로 채워져 있었다고 할 수 있다. 이밖에 통감부에는 다수의 조선인 고원雇員이 고용되어 있었는데, 이들까지 합한다면 그 인원은 훨씬 더 늘어날 것이다.

〈표 22〉 통감부 및 소속관서 관리의 정원

(1907년 3월 현재)

관서	관직	관등	정원	관서	관직	관등	정원
통감부	통감	친임	1		서기	판임	296
	총무장관	칙임	1		기수	판임	155
	농상공무총장	칙임·주임	1		통역생	판임	8
	경무총장	칙임·주임	1		소계		534
	외무총장	칙임·주임	1	법무원	원장	칙임	1
	비서관	주임	1		평정관	주임	3
	서기관	주임	6		검찰관	주임	1
	경시	주임	2		서기	판임	5
	기사	주임	10		소계		10
	통역관	주임	10	영림창	창장	칙임·주임	1
	속	판임			사무관	주임	5
	경부	판임	59		기사	주임	2
	기수	판임			속	판임	
	통역생	판임			기수	판임	25
	소계		93		통역생	판임	
이사청	이사관	주임			소계		33
	부이사관	주임	30	재정감사청	장관	칙임	1
	속	판임			감사관	주임	20
	간수장	판임	76		소계		21
	통역생	판임		관측소	소장	주임	1
	소계		106		기수	판임	18
통신관리국	국장	칙임·주임	1		서기	판임	1
	사무관	주임	10		소계		20
	사무관보	주임	13	권업모범장	장장	주임	1
	기사	주임	6		기사	주임	6

	속	판임	280		기수	판임	8	
	기수	판임	32		서기	판임	4	
	통신수	판임	322		소계		19	
	소계		664	합계		친임	1	
철도관리국	장관	칙임	1			칙임	4	
	사무관	주임	14			칙임·주임	5	
	사무관보	주임	12			주임	201	
	기사	주임	44			판임	1,289	
	통역관	주임	4			총계	1,500	

(『제1차 한국시정연보』 pp.10~28에 의함)

 1908년도에는 통감부에 임시간도파출소와 특허국特許局이 신설되었다. 1908년 4월에 설치된 임시간도파출소는 간도間島에 있어서 한국인의 보호에 관한 사무를 관장하도록 되어 있었다. 그 관리는 소장所長 외에 사무관 2명, 기사 1명, 속·기수·통역생 5명 등이었다. 특허국은 발명·의장意匠·상표 및 저작권의 보호에 관한 사무를 맡은 기관으로, 그 관제는 미·일조약에 기초하여 1908년 8월에 제정되었다. 특허국에는 국장 외에 사무관·기사(합계 2명), 심사관 5명, 심사관보 5명, 속·기수·통역 7명을 두었다.[119]

 이듬해인 1909년에는 통감부 및 소속관서의 관제가 크게 개정되었다. 즉 1909년 7월 교환된 각서에 따라 한국정부의 사법권이 일본으로 넘어감으로써 같은 해 10월 새로이 통감부 사법청司法廳이 설치되었다. 사법청은 사법 및 감옥에 관한 행정사무를 관장토록 규정되었다. 또한 같은 달 재판소령裁判所令을 제정하여 한국 재판소를 통감부 소속으로 이관시켰다. 이와 동시에 법무원을 폐지하고 이사청의 사법사무를 철폐하였다. 임시간도파출소는 1909년 9월 간도문제 해결에 따라 11월에 폐지되고 그 업무는 재간도일본총영사관在間島日本總領事館으로 이관되었다. 또한 철도관리국

---

[119] 『제2차 한국시정연보』 pp.3~4.

관제는 1909년 12월 철도원鐵道院 관제개정으로 인하여 폐지되었고, 그에 따라 한국철도는 일본철도원 소관으로 옮겨졌다.[120]

이러한 관제개정에 따라 <표 23>에 보이는 것처럼 통감부 및 소속관서의 인원도 크게 증가하였다. 즉 1908년 말에 판임관 대우 이상이 1,640명이었지만, 여기에 고원雇員 3,141명을 추가하면 통감부의 인원은 4,781명에 달하였다. 그 1년 뒤인 1909년 말의 인원은 법무원·임시간도파출소의 폐지와 철도관리국의 이관에도 불구하고 사법권 강탈에 따른 사법청·재판소·감옥의 신설로 인하여 전년도에 비하여 4,400여명이 증가되었다. 이를 관등상으로 보면, 고등관 470명, 고등관 대우 촉탁 6명, 판임관 1,491명, 판임관 대우자 5,653명, 판임관 대우 촉탁 49명, 고원 1,598명으로 나타나고 있다. 따라서 총 인원은 9,267명으로 거의 만 명에 이르렀다. 고원을 뺀 판임관 대우 이상은 7,669명으로서 전년도에 비하여 무려 6,000여명의 증가를 보였다.

<표 23> 통감부 및 소속관서 관리의 인원

(1909년 12월 말 현재)

관서	고등관	고등관 대우촉탁	판임관	판임관 대우자	판임관 대우촉탁	고원	합계
통감부	18	3	39		6	46	112
이사청	21	3	52		16	56	148
통신관리국	29		685			1,354	2,068
영림창	7		17		14	47	85
특허국	6		9			6	21
사법청	7		33			15	55
재판소	343		454			74	871
감옥	9		58	575	13		655
사법경찰관	30		144	5,078			5,252

---

[120] 『제3차 한국시정연보』 pp.6~7.

| 합계 | 470 | 6 | 1,491 | 5,653 | 49 | 1,598 | 9,267 |
| 1908년 말 | 174 | 23 | 1,354 | 64 | 25 | 3,141 | 4,781 |

(『제3차 한국시정연보』 p.9에 의함)

한편 일제는 사법권을 강탈한 후 1909년 10월 통감부 사법청을 설치하여 통감의 관리 아래 한국의 사법 및 감옥에 관한 행정사무를 장악하였다. 이와 동시에 같은 달 통감부 재판소령 및 감옥관제에 따라 통감부 재판소와 감옥을 설치하고 11월 1일 사법 및 감옥 사무를 개시하였다.[121]

통감부 재판소는 3심 제도에 의하여 구재판소區裁判所 → 지방재판소 → 공소원控訴院 및 고등법원으로 구분되었다. 1909년 11월 현재 통감부 재판소는 고등법원 1(한성부), 공소원 3(서울·평양·대구), 지방재판소 8(서울·공주·함흥·평양·해주·대구·부산·광주), 지방재판소 지부 9(인천·춘천·청주·원산·청진·의주·진주·목포·전주), 구재판소 103개소에 이르렀다. 각 재판소는 통감에게 직속되어 한국의 민사·형사 재판 등에 관한 사무를 장악하였다. 또한 통감부 재판소에는 검찰사무檢察事務를 관장하는 검사국檢事局을 병치並置하였다.

통감부 재판소 및 검사국의 정원은 판사 329명, 검사 85명, 서기장 4명, 통역관 4명, 서기 368명, 통역생 187명 등 모두 977명이었다. 판사·검사의 임용에 관해서는 일본인 판사·검사 또는 사법관시보司法官試補 자격을 가진 자의 임용을 원칙으로 하였지만, 구한국 재판소의 한국인 판사 및 검사도 특별히 통감부 재판소의 판사·검사에 임용하였다. 그러나 민사民事에 있어서는 원고와 피고가 모두 한국인인 경우에, 형사刑事에 있어서는 피고인이 한국인인 경우에 한하여 그 직무를 행할 수 있도록 하였다.[122]

한편 한국에서의 변호사제도辯護士制度는 1905년 11월 법률 제5호로 변

---

121) 『관보』 호외(융희 3년 11월 1일).
122) 『제3차 한국시정연보』 pp.47~49.

호사법이 재가裁可, 반포頒布됨으로써 성립되었다.[123] 이에 따라 변호사 시험규칙이 제정되었는데, 그 중요 내용은 다음과 같다. 즉 변호사 시험은 매년 1회 실시하고, 시험응시 자격은 25세 이상의 남자로서 한국이나 외국의 법률·경제 전문학교를 졸업한 자나 각 재판소의 판사·검사로 1년 이상 재직한 자 등으로 되어 있었다. 시험은 필기筆記와 구술口述의 두 가지였는데, 필기시험 과목은 민법·민사소송법·형법·형사소송법·상법·행정법·국제공법·국제사법 등이었다.[124] 이 같은 시험규칙에 의하여 최초의 변호사시험이 1906년 2월 18일에 실시되었다.[125] 그 후 1909년 4월에 변호사법이 개정되었으나,[126] 같은 해 10월 사법권 상실에 따른 법부法部 폐지와 동시에 변호사법도 폐지되고 말았다.[127]

일제는 곧이어 한국의 사법사무를 통감부 재판소로 이관시키고 통감부령 제34호로 새로운 변호사규칙을 제정, 공포하였다. 이에 의하면, 통감부 재판소에서 변호사의 직무를 행하는 자는 각 지방재판소 검사국에 비치된 변호사 명부名簿에 등록해야만 했다. 또한 변호사 직무를 행할 수 있는 자는 일본 변호사법에 의하여 변호사 자격을 취득한 자, 한국인으로서 변호사 시험에 합격한 자, 한국인으로서 한국의 판사·검사·변호사 또는 통감부 재판소의 판사·검사였던 자로 규정하였다.[128]

앞에서 살펴본 통감부 재판소 관리 및 변호사의 수를 제시하면 다음의 <표 24>와 같다. 즉 1909년 말 통감부 재판소의 관리는 판사 279명, 검사 64명, 서기 304명, 통역 157명 등 모두 804명이었다. 이 가운데 일본인은

---

123) 『고종실록』 권46, 광무 9년 11월 18일.
124) 『관보』 3299호 (광무 9년 11월 17일).
125) 『관보』 3366호 (광무 10년 2월 2일) 변호사시선광고(辯護士試選廣告).
126) 『관보』 4361호 (융희 3년 4월 27일).
127) 『관보』 4517호 (융희 3년 10월 29일).
128) 『관보』 호외 (융희 3년 11월 1일) 통감부령 제34호.

판사의 68.8%, 검사의 89.0%로서 판·검사의 72.6%를 차지하여 조선인 보다 거의 3배나 많았다. 그 밖에 서기는 63.8%로 조선인에 비하여 많았으나, 통역은 33.1%로 조선인보다 적었다. 이를 통하여 일본인들이 한국의 사법권을 완전히 장악하고 재판을 자의적으로 행하였음을 알 수 있다. 그리고 통감부 재판소 소속의 변호사는 1909년 말 현재 모두 70명이었는데, 조선인이 41명(58.6%), 일본인이 29명(41.4%)으로 나타나고 있다.

〈표 24〉 통감부 재판소 관리 및 변호사의 인원

(1909년 12월 말 현재)

국적	재판소관리					변호사
	판사	검사	서기	통역	계	
조선인	87	7	110	105	309	41
일본인	192	57	194	52	495	29
합계	279	64	304	157	804	70

(『제3차 한국시정연보』 p.50에 의함)

사법권 강탈의 결과 설치된 통감부 감옥은 1909년 10월에 제정된 관제에 의하여 공소원 검사장이 통감의 명을 받아 그 관할구역 내의 감옥을 감독하고 전옥典獄이 감옥사무를 관장하도록 되어 있었다. 통감부는 한국의 감옥을 그대로 인수하였는데, 1909년 말 현재 통감부 감옥의 수는 본감本監이 9개소, 분감分監이 9개소로 모두 18개소였다.[129]

여기에서 근무한 직원의 수는 다음의 <표 25>와 같다. 이 표에 의하면, 1909년 말에 전옥 이하의 감옥직원은 모두 682명이었는데, 이 가운데 조선인이 260명(38.1%), 일본인이 422명(61.9%)으로 일본인이 압도적으로 많았다. 인원상으로도 이렇게 다수를 이루고 있었지만, 일본인은 감옥의 책임

129) 『제3차 한국시정연보』 pp.52~54.

자인 전옥과 간수장의 대부분을 차지하고 있었다. 따라서 일본인들이 감옥의 실권을 쥐고 조선인 수인囚人들에 대하여 엄중한 감시와 통제를 가하였음을 짐작할 수 있다.

〈표 25〉 통감부 감옥 관리의 인원

(1909년 12월 말 현재)

국적	전옥	간수장	통역생	감옥의	교회사 교사	약제사	간수	여감 취체	압정	수업수	합계
조선인		7	8				211		34		260
일본인	8	46		15	5	1	263	9	70	5	422
합계	8	53	8	15	5	1	474	9	104	5	686

(『제3차 한국시정연보』 p.54 에 의함)

V. 맺음말

통감부 설치 이전부터 일제는 고문顧問을 파견하여 한국의 국정을 장악하려고 시도하였다. 즉, 이미 청일전쟁 중인 1895년 40여 명의 고문관을 보내어 관제개혁에 관여한 바 있었다. 그 후 일본인 고문이 본격적으로 활동하기 시작한 것은 1904년 8월 제1차 한일협약韓日協約 체결 이후부터이다. 당시에 일본인 재정고문 목하전종태랑目賀田種太郎이 한국 내각內閣에 배치되어 재정업무만이 아니라 한국정부의 행정전반을 간섭하려 하였다. 일본인 고문의 파견은 그 후 계속 확대되어 경무警務·군부軍部·궁내부宮內府 고문과 학정學政 참여관 등이 한국정부에 배치되었다. 1906년 통감부가 설치되자 일본인 고문들은 통감의 감독에 귀속되어 보좌관補佐官이나 교관敎官 등으로 궁내부·의정부의 각 부에 배속되어 업무에 본격적으로 관여하게 되었다.

통감부 초기까지도 일제는 고문을 통하여 간접적으로 한국정부의 국정에 관여하였으나, 1907년 7월 한일신협약韓日新協約이 체결된 후에는 일본인 고문들이 한국정부의 관리가 되어 직접적으로 국정에 참여하여 그 주도권을 장악하였다. 한일신협약에 의하여 통감은 한국정부 고등관리에 대한 임용권을 행사하고, 한국정부는 통감이 추천하는 일본인을 한국정부의 관리로 임용해야만 했다. 일제는 이를 더욱 구체화하기 위하여 비밀각서를 통하여 통감이 추천하는 일본인을 각 부 차관, 내부 경무국장, 내각 서기관, 각 도 사무관 및 주사 등으로 명시하였다. 이로 인하여 한국정부의 요직要職에 일본인을 임용케 됨으로써 국정의 실권이 완전히 그들의 수중으로 넘어가는 계기가 마련되었던 것이다.

한일신협약에 의하여 일본인들이 실제로 한국정부의 관리에 임용되기 시작한 것은 1907년 8월 초부터이다. 이 당시 일본인들은 경무고문 환산중준丸山重俊이 경시총감에 임명된 것을 시작으로, 각부 차관과 내부 경무국장, 각 도 주사 등에 임용되었다.

그러나 일본인들이 본격적으로 대거 임용된 것은 1908년 1월 부터이다. 1908년 1월 한 달 동안에만 일본인은 내각의 판임관 이상 관리에 1,100여 명이 임용되어, 내부內部 · 탁지부度支部 · 농상공부農商工部 · 학부學部의 요직에 배치되었다. 그리하여 그들은 내무행정 · 경찰 · 재정 · 상공업 · 교육 등 식민지 지배와 수탈을 위한 부문을 집중적으로 장악하였다. 이 때에 임용된 일본인 관리들을 관등별로 보면 같은 기간에 임명된 칙임관勅任官의 68.4%, 주임관奏任官의 63.1%, 판임관判任官의 43.8%를 차지하였다. 따라서 일제가 자국민自國民을 한국 내각의 고등관리에 대거 임용하여 정책 결정의 주도권을 잡음과 동시에 하급관리에도 광범위하게 포진시켜 행정의 실무를 장악하려 했음을 알 수 있다. 또한 식민지 지배에 필요한 관리의 배치가 한일신협약 체결 직후인 1908년 1월 한 달간에 거의 마무리되었다고 할 수 있다.

일본인 관리의 임용은 그 후 계속 증가하여 1908년 말에는 내각 및 궁내부 관리가 2,080명에 이르러 연초보다 거의 두 배의 증가를 보였다. 1년 뒤인 1909년 말에는 2,399명으로 늘어 전체 한국정부 관리의 43.3%에 이르렀다. 특히 일본인 관리는 1909년 8월 말 현재 내부內部의 과장 이상 관리 29명 가운데 20명과, 경무국장 · 지방국장 · 서기관 · 비서관 등 핵심 요직을 차지하여 중앙행정을 장악하고 있었다. 그리고 지방에서는 각 도 사무관 · 서기관 · 주사 등과 각 부府 · 군郡 주사에 임용되어 조선인 관찰사 · 부윤 · 군수를 제치고 지방 행정을 주도하였다.

한편 일제는 경찰관서에 일본인을 대거 투입하여 경찰권을 장악하고 한국인을 통제 · 탄압하였다. 1908년 말에 내부 경무국, 경시청, 각 도의 경찰관 5,033명 가운데 일본인은 37.0%인 1,862명이었다. 특히 이 가운데 경찰서장과 분서장分署長인 경시警視와 경부警部는 57.4%로서 다수를 점하였으나, 순사巡査는 35.9%에 머물렀다. 경시 · 경부의 비율은 1909년 말에 더욱 늘어 63.1%에 이르렀다. 또한 일본인들은 중앙의 경찰 총수인 경시총장과 지방 각 도의 경찰책임자인 경찰부장 및 일선 경찰서장을 독점하여 전국의 경찰관을 지휘하였다. 경찰관 외에 일제는 1908년 말 현재 2,374명의 일본인 헌병과 4,234명의 조선인 헌병보조원을 치안유지에 투입하였다. 따라서 일본인 경찰간부와 헌병이 다수의 조선인 순사와 헌병보조원을 지휘하며 한국인에게 탄압을 가했던 것이다.

통감부기에 일제는 학부學部 차관을 비롯한 관료와 각급 학교의 일본인 교원을 통하여 교육 관련 업무를 주도하며 그들의 지배를 뒷받침할 수 있는 교육을 한국인들에게 강요하였다. 1908년 말 현재 전국 관 · 공립학교의 일본인 교원은 123명으로 전체 교원의 25.3%였고, 1년 뒤인 1909년 말에는 26.8%인 190명으로 증가하였다. 특히 일본인들은 각급 학교의 교감·학감을 거의 독점하여 명목상의 책임자인 조선인 교장과 교원들을 통제하며 실권을 행사하고 있었다.

한일신협약 체결에 따라 일본인들은 궁내부宮內府에도 임용되었다. 그들은 처음에는 궁내부의 중요 관서에만 배치되었으나, 1908년부터는 점차 임용 범위가 확대되어 특수한 관서를 제외한 모든 관서에 임용되었다. 1909년 7월 현재 궁내부 관리 350명 가운데 일본인은 14.9%인 52명이었다. 이처럼 일본인의 비율이 낮았지만, 실권을 가진 대신관방大臣官房의 비율은 45.0%로 매우 높았고, 내장원·규장각 등의 주요 관서에도 일본인이 다수 배치되었다. 특히 그들은 궁내부 차관 이하의 요직과 실무 책임자인 과장·주사에 많이 임용되었다. 따라서 일본인들이 궁내부의 실권을 장악하고 황실皇室의 동태를 감시하였던 것이다.

일제는 한반도를 지배하기 위한 기구로 1906년에 통감부 및 그 부속기관을 설치하였는데, 초기에는 통감부에 전원 일본인을 임용하였다. 즉 1908년 7월 현재 통감부 및 소속관서의 정원은 1,570명이었지만 여기에 정원 외의 인원 414명을 합하면 총 인원은 1,984명이었는데, 이들 모두가 일본인이었던 것이다.

따라서 판임관 이상의 정식 관리만 포함할 경우, 1908년 현재 한국 내의 일본인 관리 수는 내각 2,053명, 궁내부 27명, 통감부 1,984명 등 모두 4,064명이었다고 할 수 있다. 이러한 인원은 당시 내각·궁내부의 조선인 관리 3,030명을 오히려 34.1% 초과하는 것으로서, 일본인 거류민 126,168명의 3.2%에 달하였다.

통감부 관리는 관제 개정에 따라 계속 증가하여 1908년 말에는 판임관 대우 이상이 1,640명, 고원雇員이 3,141명으로 총 인원은 4,781명에 이르렀다. 그 1년 뒤인 1909년 말에는 판임관 대우 이상이 7,669명, 고원 1,598명

등 모두 9,267명으로 전년도보다 6,000여명이 증가하여 거의 만 명에 육박하였다.

한편 일제는 사법권司法權 강탈 이후인 1909년 10월 통감부 재판소와 감옥을 설치하여 사법 및 감옥사무를 개시하였다. 1909년 말 현재 통감부 재판소의 일본인 판사·검사는 249명으로서 전체의 72.6%를 차지하여 조선인 판·검사에 비하여 3배 이상 많았다. 그 밖에 서무를 담당한 서기書記도 63.8%로 다수를 이루고 있었다. 이를 통하여 일본인들이 한국의 사법권을 완전히 장악하고 재판을 자의적으로 행하였음을 알 수 있다. 또한 일본인은 감옥의 책임자인 전옥典獄과 간수장看手長의 대부분을 차지하고 조선인 수인囚人들은 엄중하게 통제하였다.

요컨대 통감부기에 일제는 한국정부의 내각에 주밀周密하게 일본인 관리를 배치하여 내정內政의 주도권을 장악하는 동시에, 궁내부에까지 자국민을 임용하여 한국 황실을 통제하고 있었다. 다시 말해 내각·궁내부·통감부의 일본인 관리들이 한국 국정 전반을 확고하게 장악하고 한국민을 통치하였던 것이다. 그러므로 통감부기에 이미 총독부 시기와 거의 다름없는 식민지 지배체제가 형성되어 있었다고 할 수 있다.

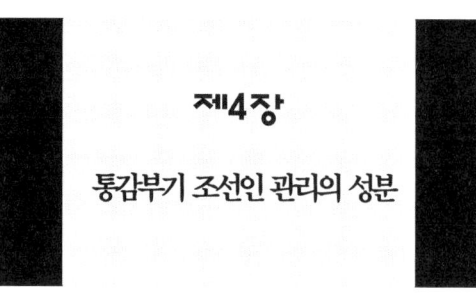

제4장
통감부기 조선인 관리의 성분

Ⅰ. 머리말   Ⅱ. 조선인관리의 임용   Ⅲ. 조선인관리의 성분
Ⅳ. 조선인관리에 대한 서훈   Ⅴ. 맺음말

Ⅰ. 머리말

 1905년 11월 17일에 체결된 제2차 한일협약(을사조약)과 같은 해 12월 20일 공포된 통감부統監府 및 이사청理事廳 관제로 통감부 설치의 근거가 마련되었다. 이에 따라 정식으로 서울에 통감부가 설치된 것은 이듬해인 1906년 2월 1일이었다. 1905년 12월 21일 일본 천황天皇의 특지特旨로 초대 통감에 임명된 이등박문伊藤博文은 다음해 3월 2일 부임하였다. 이로써 1910년 8월 29일 합병되기 전까지 통감부 시기가 전개된다. 통감부의 설치로 일제의 내정간섭이 본격화되어 한국은 일본인 통감의 감독을 받는 사실상의 식민지로 전락되었다.

 1907년 7월 24일에는 한일신협약(정미7조약)이 맺어져 고문정치가 폐지되고 통감이 추천하는 일본인을 한국 관리에 임명토록 함으로써 차관을 비롯한 고위관직에 일본인을 대거 임용하는 차관정치가 시작되었다. 이에 따라 고문을 통하여 간접적으로 행정에 관여하던 방식에서 차관 등의 일본인 관리를 통하여 직접적으로 행정을 관장하는 형태로 전환되었다. 결국 한일신협약의 체결은 일본에 의한 간접통치에서 직접통치로 나아가는 전환점이었다.

이와 같이 일본의 침략과정과 통치방식은 인사정책 내지 관리임용과 불가분의 관계에 놓여 있었다. 따라서 이 시기 일본의 침략상황이나 그 성격을 규명하는 데 당시의 관리에 대한 검토는 매우 긴요한 과제라고 판단된다.

근래까지 조선의 지배층이나 총독부 시기의 관리에 대하여 논하면서 대한제국기(1897~1910)의 관리를 포괄적으로 언급한 연구업적은 발표되었으나,[1] 통감부기(1906년 1월~1910년 8월)의 관리만을 집중적으로 다룬 연구는 이루어지지 못하였다. 이에 본고에서는 통감부기 조선인 관리를 대상으로 하여 그들의 임용상황·성분·서훈 등을 살펴보도록 하겠다.

II. 조선인 관리의 임용

한말에 일본은 한국에 대한 침략수단으로 다양한 방법을 동원하였는데, 관리인사에의 간섭도 그 하나였다. 일본이 한국정부의 인사에 간섭하기 시작한 것은 이미 청일전쟁 시기(1894년~1895년)부터였다. 즉 일본은 이등박문伊藤博文의 측근인 주한공사 정상형井上馨으로 하여금 내정개혁의 일환으로 한국정부 내에 일본인 고문관顧問官을 배치하는 작업을 진행하여[2], 결국 1895년 40명의 고문관을 채용토록 하였다.[3]

---

[1] 김영모,『조선지배층연구』, 일조각, 1977. 김선미,「일제식민지시대 지배세력의 성격에 관한 연구 - 주임관 이상의 관직자를 중심으로 - 」, 이대대학원 정치학과 석사학위논문, 1991. 박은경,「일제시대 조선총독부 조선인 관료에 관한 연구 - 사회적 배경과 충원양식을 중심으로 - 」, 이대대학원 정치학과 박사학위논문, 1994. 홍순권,「일제시기의 지방통치와 조선인 관리에 관한 일고찰 - 일제시기의 군행정과 조선인 군수를 중심으로 - 」,『국사관논총』64, 1995.

그러나 본격적인 간섭은 1904년 8월 22일 '한일 외국인 고문 용빙에 관한 협정서'가 맺어지면서 이루어졌다. 이 협정서의 중요한 내용은 일본의 추천에 의해 외교·재정을 담당할 고문을 초빙하여, 외교·재정에 관한 사항은 모두 이들의 의견을 물어 시행한다는 것이었다.[4] 이에 따라 목하 전종태랑目賀田種太郎이 재정고문으로서 한국내각에 배치되었다. 목하전目賀田은 재정고문 본연의 임무인 재정업무만이 아니라 재정에 관련이 있다는 이유로 한국정부의 행정전반을 간섭하려 하였다.[5] 일본은 외교·재정고문에 이어 경무고문警務顧問을 두어 치안의 주도권을 장악하고자 하였다. 즉 경무고문제도에 의하여 1905년 2월 경시 1명, 순사 4명의 용빙계약傭聘契約이 성립되었던 것이다.[6]

한국정부의 인사에 대한 일본의 관여는 통감부 설치 후 더욱 본격화되어, 한국정부가 고등관리를 임명할 때에도 통감의 동의를 반드시 받아야 하도록 규정함으로써 한국에서의 인사권까지도 통감의 권한으로 귀속시켰다.[7] 그리하여 통감부 설치 이전의 고문 중 일본정부의 추천에 의해 용빙된 고문은 통감부 설치와 동시에 통감의 감독에 귀속되어 보좌관·교관 등으로 각 부에 배치되었다.[8]

통감부 설치 직후까지도 다소 소극적으로 진행된 인사 관여는 1907년 7월의 한일신협약으로 노골적·직접적 방식으로 바뀌었다. 이제 고문제도가 폐지되고 일본인들을 각 부의 차관을 비롯한 주요관직에 임명할 수 있

---

2) 유재곤, 「일제통감 이등박문의 대한침략정책(1906~1909) - 『대신회의필기』를 중심으로 -」, 『청계 사학』 10, 1993, p.204.
3) 권태억, 「1904~1910년 일제의 한국 침략 구상과 '시정개선'」, 『한국사론』 31, 1994, p.216.
4) 권태억, 앞의 논문, p.233.
5) 이윤상, 「통감부 시기 일제의 한국 재정침탈」, 『숙명한국사론』 2, 1996, p.302.
6) 산변건태랑(山辺健太郎), 『일한병합소사』, 암파신서 587, 암파서점, 1966, pp.185~186.
7) 강창석, 「통감부 연구 - 간도정책을 중심으로 -」, 영남대 박사학위논문, 1989, p.23.
8) 강창석, 앞의 논문, p.19.

게 된 것이다. 이로써 일본인이 직접 한국정부의 관리가 되어 그 실권을 장악하게 되었다. 이전에도 통감과 재정고문·경무고문 휘하에 다수의 일본인 관리들이 있었지만, 그들은 행정을 직접 담당할 수는 없었고 다만 철저한 감독을 통해 간접적으로 간여하였을 뿐이다. 그러나 이제는 일본인이 각 부의 차관 등 중요한 관직에 임명되어 직접 행정전반을 장악할 수 있게 되었다.[9]

한일신협약에 따라 실제로 차관을 비롯한 고위 관직에 일본인들이 다수 등용되었으며, 각 부部·국局에 일본인들을 임용하여 한국 국정에 참여케 하였다. 이로 인하여 한국의 통치권은 사실상 통감의 수중에 완전히 들어가게 되었다.[10] 1908년에는 각 부의 정책을 입안할 수 있는 고등관·판임관에 일본인을 집중적으로 임용, 배치하였으며, 1910년 8월까지는 한국의 모든 분야의 차관을 비롯한 거의 대부분의 고위직에 일본인을 임용함으로써 한국의 국정을 사실상 완전히 장악하였다.[11]

한일신협약 체결 후 일본인이 본격적으로 임용된 것은 1908년 1월부터이다. 이 때 이후로 일본인들은 한국의 내각과 궁내부의 고위 관리는 물론 하위 관리에까지 깊숙이 침투하였다. 그리하여 1908년 말에 일본인 관리 수는 궁내부와 내각의 고등관(칙임관·주임관)·판임관이[12] 2,090명에 달했다.[13] 여기에 일본인 순사 1,708명[14], 촉탁·고원雇員 1,197명, 통감부 관리 1,984명[15]을 포함하면 1908년 말 현재 일본인 관리 수는 모두 6,979명에

---

9) 이윤상, 앞의 논문, p.328.
10) 강창석, 앞의 논문, pp.19~20.
11) 강창석, 「조선 통감부 연구」, 『국사관논총』 53, 1994, p.204.
12) 칙임관(勅任官)은 정1품에서 종2품까지, 주임관(奏任官)은 3품에서 6품까지, 판임관(判任官)은 7품에서 9품까지의 관원을 뜻한다. (『고종실록』권32, 31년 7월 13일, 문관수임식)
13) 조선총독부, 『한국시정연보』(3차, 1909년), 구한말일제참략사료총서Ⅲ, 정치편3, 아세아문화사, 1984, p.34.
14) 위와 같음.

이르렀다. 이러한 숫자는 조선인 관리의 수를 오히려 능가하는 것이었다. 당시 조선인 관리는 고등관과 판임관의 수가 3,030명, 순사가 3,016명으로[16] 일본인보다 많았으나, 통감부 관리와 촉탁 등을 포함하면 일본인이 훨씬 많았던 것이다. 일본인의 임용은 이후에도 계속 증가하여 1909년 12월 말에 일본인 정규 관리는 2,399명으로 크게 늘었으나 조선인은 3,137명으로[17] 증가의 폭이 상대적으로 작았다.

1908년 이후 일본인 관리의 수는 큰 폭으로 증가한 반면, 조선인 관리의 수는 상대적으로 감소한 사실은 칙임관 이상 관료의 임명 상황에서도 잘 드러나고 있다. 『구한국관보舊韓國官報』의 '서임급사령'敍任及辭令 항의 내용을 분석한 <표 1>[18]에 의하면, 통감부기에 임명된 칙임관 이상의 조선인 관리는 모두 118명이다. 이 가운데 중복 임명된 38명을 제외하면 순인원은 80명에 불과하다. 이들은 1906년 46명, 1907년 48명이었는데, 1908년 이후 그 수가 격감하여 1908년에 21명이었다가 1909년에는 3명뿐이고 1910년에는 단 한 명도 없었다.

이처럼 조선인 관료의 임용은 1907년 7월 한일신협약 체결로 차관 정치가 시작되면서 현격히 감소하였다. 즉 한일신협약 체결 이전에 90명(76.3%)이 임명된 데 비하여 그 이후에 임명된 자는 28명(23.7%)뿐이다. 특히 1908년 1월부터 본격적으로 일본인 관리들이 진출하면서[19] 조선인 관료는 더욱 감소하여 이 때부터 1910년 합병 직전까지 겨우 24명(20.3%)이 임명되었을 뿐이다. 또한 1908년에 임명된 자의 수는 1907년의 절반에 불과하다.

---

15) 박은경, 앞의 논문, p.47 ; 통감부 편, 『통감부급소속관서직원록』 統監府及所屬官署職員錄.
16) 주 13과 같음.
17) 위와 같음.
18) <표 1>은 뒷부분의 <별표 1>의 내용을 분석하여 작성된 것이다.
19) 『구한국관보』 제3967호(융희 2년 1월 10일)~제3983호(융희 2년 1월 29일)에 의하면 1908년 1월 1일 자로 칙임관에 임명된 일본인은 모두 13명에 달한다.

1908년 이후 임명된 관료 가운데 실권없는 대신大臣을 제외하면 각 부의 국장 6명과 지방의 관찰사 11명에 지나지 않는다. 국장도 18명의 정원 중 한직이라 할 수 있는 내부의 위생국장·인쇄국장과 법부의 민사국장 등에 임명되었다. 지방의 관찰사는 한국민을 회유키 위해 통감부기에는 모두 조선인을 임용하였으나, 그 밑에 실무자인 도주사道主事를 거의 일본인으로 임용함으로써 관찰사를 감시하고 실질적 권한을 행사하도록 하였다.

이처럼 일제는 통감부기에 조선인 관료의 임용을 크게 억제하였던 것이다. 특히 한일신협약 체결 이후 일본인 관리를 대폭적으로 채용하면서 조선인 관리의 임용을 크게 줄였으나, 그 조선인 관리들도 친일인사들이 대부분이었다. 이로써 일본이 인사정책을 통하여 침략을 가속화시켰으며, 일본인 및 친일파 관리들을 통하여 한국의 국정을 자의적으로 운용하려 했음을 알 수 있다.

〈표 1〉 칙임관 이상 조선인 관료의 임명인원

관직	관등	1906년	1907년	1908년	1909년	1910년	계
의정대신	친임	3					3
총리대신	친임		1				1
대신	친임		3	4	3		10
총재	칙임 1등		1				1
차관	칙임 2등		6				6
협판	칙임 2등	5	8				13
서기관장	칙임 2등		1				1
경무사	칙임 2등		2				2
국장	칙임 3등	10	10	6			26
관찰사	칙임 3등	28	16	11			55
계		46	48	21	3	0	118

Ⅲ. 조선인 관리의 성분

1. 고위 관리

통감부기 조선인 고관의 성분을 알아보기 위해 통감부 말기인 1910년 8월 현재의 총리대신, 각부 대신, 친위부 장관, 표훈원 총재, 중추원 의장·부의장·고문의 이력履歷을 국사편찬위원회 편『대한제국관원이력서大韓帝國官員履歷書』[20)]에서 조사하여 <표 2>에 제시하였다.

이들 16명은 거의 모두 통감부기에 대신大臣의 직위에 오른 인물들이다. 현직 대신을 제외하더라도 친위부 장관 이병무李秉武는 이완용李完用 내각(1907년 5월~1910년 8월)의 군부 대신을 지냈고, 중추원 고문 이지용李址鎔·이하영李夏榮·권중현權重顯·이근택李根澤은 각각 박제순朴齊純 내각(1906년 1월~1907년 5월)의 내부 대신, 법부 대신, 군부 대신 등을 역임하였다. 역시 중추원 고문인 송병준宋秉畯·임선준任善準·이재곤李載崐은 이완용 내각에서 농상공부 대신, 내부 대신, 학부 대신 등을 각기 지냈다. 또한 중추원 부의장 이근상李根湘은 이완용 내각 때에 궁내부 대신(1906년 7월~1908년 12월)으로 있었다. 그 밖의 고관들은 통감부기 이전에 대신을 역임했는데, 표훈원 총재 조희연趙羲淵은 군부 대신(1895년 4월~1896년 2월), 중추원 의장 김윤식金允植은 외무아문 대신(1894년 7월~1895년 12월)이었다.

이들은 대부분 친일파로 분류될 수 있는 인물들이다. 그 가운데 이완용李完用·박제순朴齊純·이지용李址鎔·이근택李根澤·권중현權重顯은 제2차 한일협약(을사조약)에 찬동하거나 묵인하여 이른바 을사오적乙巳五賊으로 지목되고 있다. 이들은 또한 한일합병 직후 일본으로부터 작위爵位를 받고 귀족으로 대우받으면서 중추원 고관 등을 지내며 일제의 식민지 정

---
20) 국사편찬위원회 편,『대한제국관원이력서』, 한국사료총서 17, 1972.

책에 협력하였다.

통감부기 고관 16명의 연령은 1910년 기준으로 37세(이근상)로부터 76세(김윤식)까지 분포되어 있으며, 평균 연령은 53세이다. 이들의 성씨姓氏를 보면 5명(31.2%)이 전주 이씨(이병무·이근상·이지용·이근택·이재곤)로 종친宗親이 다수 대신에 임용되었음을 알 수 있다. 이들은 또한 대부분 조선 후기의 대표적인 문벌門閥 출신이다. 고영희高永喜의 제주 고씨와 조희연의 평양 조씨를 제외한 우봉 이(이완용), 반남 박(박제순), 한산 이(이용직), 양주 조(조중응), 청풍 김(김윤식), 경주 이(이하영), 안동 권(권중현), 은진 송(송병준), 전주 이씨는 모두 조선 후기에 다수의 관리를 배출하여 성세를 떨친 가문이었다.21) 이것은 조선 후기 인조~경종 연간에 성립되어 영조 이후 고정된 문벌이 한말까지 여전히 강고하게 유지되고 있었으며, 가문이나 종친 관계가 개인의 영달에 계속적으로 큰 영향을 미쳤음을 시사해 주고 있다. 이들의 학력을 보면 이완용(육영공원)과 이근상(일어학교)외에는 거의 대부분 가숙家塾으로 근대적 교육을 받지 못하고 가정에서 한학漢學 등을 배운 것으로 보인다. 이들이 처음 관리가 된 시기는 거의 대부분이 갑오개혁(1894년) 이전으로서 그 중에도 1880년대가 가장 많았다. 입관경로入官經路를 보면 문과(대과)·무과의 과거科擧에 급제한 자의 비율이 79%에 달하고 있어, 거의가 과거를 거쳐서 입관하였음을 나타내고 있다. 문과 급제자들은 주로 승정원 부정자副正字나 홍문관 교리校理, 무과 급제자들은 선전관宣傳官이나 수문장守門將 등을 초직初職으로 받아 관계官界에 첫발을 내디뎠다.

요컨대 통감부기에 내각의 총리대신과 각부 대신을 지낸 인물들은 대개 가숙家塾으로 과거에 급제한 뒤에 갑오개혁 이전에 홍문관 교리, 선전관 등으로 관직 생활을 시작한 이래 친일 성향과 가문·종친 관계 등에 힘

---

21) 차장섭, 「조선후기의 문벌 -『증보문헌비고』 씨성고의 분석 - 」, 『조선사연구』 2, 1993, pp.240~251.

입어 승진을 거듭하였던 것으로 보인다. 통감부기에는 결국 대신의 직위에까지 올라 일본의 침략정책 수행에 협조함으로써 친일파라는 오명을 남기게 되었다.

〈표 2〉 통감부 말기 조선인 고관의 이력

(1910년 8월 현재)

성 명	현직			연령	본관	학력	입관경로	입관연도	초직
	품계	관등	관직						
이완용 (1858~1926)	정 1	친임	총리대신 (1907. 5 任)	53	우봉	육영 공원	문 과	1886	규장각대교
박제순 (1858~1916)	종 1	친임	내부대신 (1907. 2 임)	53	반남		문 과		
고영희 (1849~ ?)	종 1	친임	탁지부 대신 (1909. 10 임)	62	제주			1866	부 사 용
이용직 (1852~1932)	종 1	친임	학부대신 (1909. 10 임)	59	한산	가 숙	문 과	1875	숭문원부정자
조중응 (1860~1919)	종 1	친임	농상공부대신 (1908. 6 임)	51	양주	가 숙		1891	의정부주사
이병무 (1864~1926)	종 1	부장	친위부 장관 (1909. 7 임)	47	전주		무 과	1888	선 전 관
조희연 (1856~1915)	종 1	칙임 1등	표훈원 총재 (1909. 4 임)	55	평양		무 과		선 전 관
김윤식 (1835~1922)	정 1	친임	중추원 의장 (1908. 4 임)	76	청풍		문 과	1865	건릉참봉
이근상 (1874~1920)	정 2	칙임 1등	중추원부의장 (1908. 12 임)	37	전주	일어 학교	진 사 과	1895	군부주사
이지용 (1870~ ?)	종 1	친임	중추원 고문 (1907. 5 임)	41	전주		문 과	1884	동몽교관
이하영 (1858~1919)	정 2	친임	중추원 고문 (1907. 5 임)	53	경주			1886	외무아문주사
권중현 (1854~1934)	정 2	친임	중추원 고문 (1907. 5 임)	57	안동	가 숙		1883	서 기 관
이근택 (1865~1919)	정 2	친임	중추원 고문 (1907. 5 임)	46	전주	가 숙	무 과	1883	선 전 관
송병준 (1858~1925)	종 1	친임	중추원 고문 (1909. 8 임)	53	은진		무 과	1871	수 문 장
임선준 (1860~ ?)	종 1	친임	중추원 고문 (1910. 8 임)	51	풍천		문 과	1882	홍문관교리

| 이 재 곤
(1859~?) | 종 1 | 친임 | 중추원 고문
(1910. 8 임) | 52 | 전주 | | 문 과 | 1882 | 홍문관교리 |

(국사편찬위원회 편, 『대한제국관원이력서』, 한국사료총서 17, 탐구당, 1972에 의함)

2. 내각 관리

조선의 관제는 1894년 갑오개혁을 계기로 크게 바뀌었다. 6월부터 진행된 1차 개혁에서는 우선 의정부와 궁내부를 분리하고, 의정부에는 내무·외무·탁지·법무·학무·공무·군무·농상의 8아문을 두었다. 1894년 12월에 시작된 2차 개혁에서는 의정부를 내각內閣으로 개칭하면서 종래의 8아문을 7부部체제로 개편하였다. 당시의 7부는 내부·외부·탁지부·법부·학부·군부·농상공부 등이었다.22) 그 후 1905년에 내각은 다시 의정부로 고쳐졌다가 1907년 6월 또다시 내각으로 개칭되었다.23) 내각의 7부는 1906년 1월 외부의 폐지에 따라 6부로 줄어들었으며, 1909년 법부와 군부의 폐지로24) 4부만이 남게 되었다.

그러면 이제 통감부기 내각 관리의 성분을 알아보도록 하겠다. 내각 관리의 성분을 알아보는 데는 뒤의 <별표 2>에 정리되어 있는 바와 같이 『대한제국관원이력』 중 기록이 비교적 상세하고 통감부 말기까지 존속한 내각 소속의 탁지부·내부·학부·농상공부 등 4개 부 본청관리의 1907년 8월 현재의 이력 내용을 분석 대상으로 하였다.

분석 대상 인원은 탁지부 170명 (칙임관5, 주임관 21, 판임관 144), 내부 67명 (칙임관 3, 주임관 14, 판임관 15), 학부 29명 (칙임관 1, 주임관 10, 판임관 18), 농상공부 64명 (칙임관 1, 주임관 17, 판임관 46)으로 총 330명이다. 관명官名별로는 칙임관 10명, 주임관 62명, 판임관 258명이다.

---

22) 왕현종, 「갑오개혁기 관제개혁과 관료제도의 변화」, 『국사관논총』 68, 1996, pp.269~271.
23) 『구한국관보』 (광무 11년 6월 15일) 호외.
24) 『제3차 한국시정연보』 p.35.

먼저 이들의 1907년 8월 현재의 연령을 보면, 다음의 <표 3>에 나타나고 있는 것처럼 전체적으로 10대에서 70대까지 넓게 분포되어 있으나, 20대와 30대가 71.5%로 주류를 이루고 있다. 그리고 칙임관은 50대, 주임관은 30대와 40대, 판임관은 20대가 가장 큰 비중을 차지하고 있다.

〈표 3〉 내각 관리의 연령

(1907년 8월 현재)

	칙임관		주임관		판임관		합계	
	인원	%	인원	%	인원	%	인원	%
10대					7	2.7	7	2.1
20대			13	21.0	128	49.8	141	42.9
30대	2	20.0	17	27.4	75	29.2	94	28.6
40대	2	20.0	17	27.4	19	7.4	38	11.6
50대	5	50.0	8	12.9	24	9.3	37	11.2
60대	1	10.0	4	6.5	4	1.6	9	2.7
70대			3	4.8			3	0.9
합계	10	100	62	100	257	100	329	100

한편 내각 관리의 평균 연령은 전체적으로 34세로 나타났는데, 학부가 47세로 가장 높고 탁지부가 제일 낮아 31세이다. 학부의 평균연령이 이렇게 높은 것은 60, 70대의 주임관이 큰 비중을 차지하고 있기 때문이다. 또한 칙임관은 50세, 주임관은 42세, 판임관은 31세이다. 따라서 칙임관·주임관·판임관 사이의 연령차는 평균적으로 8~9년이라고 하겠다.

〈표 4〉 내각 관리의 평균 연령

	탁지부	내부	학부	농상공부	전체평균
칙임관	53	44	50	55	50
주임관	39	39	52	41	42
판임관	29	34	44	30	31
전체평균	31	36	47	33	34

이들의 본관本貫을 보면, 189명의 본관이 기재되어 있고 성씨姓氏는 모두 105개이다. 이 가운데 4명 이상을 배출한 성씨가 10개, 3명을 배출한 성씨가 10개, 2명을 배출한 성씨가 12개이고, 나머지 73개 성씨는 1명만의 관리를 내었다. 구체적로는 전주 이씨가 16명으로 가장 많고, 그 다음은 경주 김 7명, 청주 한韓・남양 홍洪・청송 심沈씨가 각 6명, 경주 이씨 5명, 안동 김・의령 남・해주 오・밀양 박씨 각 4명 등의 순으로 나타나고 있다. 4명 이상의 관리를 배출한 이들 성씨는 밀양 박씨를 제외하면 모두 조선 후기의 문벌이다.[25] 또한 3명 이상을 배출한 가문 중 동래 정鄭・광산 김・풍산 홍・안동 권・한산 이씨와 2명을 배출한 여흥 민・연안 이・전주 유柳・덕수 이・평산 신申・기계 유兪・능성 구具씨 등도 역시 조선 후기의 문벌에 속한다. 따라서 2명 이상의 내각 관리를 낸 32개 성씨 중 21개 성씨가 조선 후기의 문벌이라고 하겠다. 이것을 통하여 앞에서 대신의 성분 분석을 통해 알아본 결과와 마찬가지로 조선 후기 이래의 문벌이 한말까지 여전히 유지되고 있었고, 동시에 문벌이 관계 진출에 중요한 역할을 했음을 알 수 있다.

---

25) 차장섭, 앞의 논문, pp.242~243.

〈표 5〉 내각 관리의 성씨별 인원

전주 이(李)	16	해주 오(吳)	4	나주 정(丁)	3	전주 유(柳)	2
경주 김(金)	7	밀양 박(朴)	4	안동 권(權)	3	덕수 이(李)	2
청주 한(韓)	6	동래 정(鄭)	3	문화 유(柳)	3	평산 신(申)	2
남양 홍(洪)	6	경주 최(崔)	3	한산 이(李)	3	기계 유(兪)	2
청송 심(沈)	6	광산 김(金)	3	여흥 민(閔)	2	밀성 박(朴)	2
경주 이(李)	5	영월 엄(嚴)	3	연안 이(李)	2	김해 김(金)	2
안동 김(金)	4	풍산 홍(洪)	3	임천 조(趙)	2	진주 강(姜)	2
의령 남(南)	4	평양 조(趙)	3	밀양 임(林)	2	능성 구(具)	2

다음, 내각 관리의 학력學歷을 출신학교를 통해 살펴보도록 하겠다. <표 6>에 의하면 학력이 기재된 153명 가운데 국내에서 수학한 경우가 133명(86.9%)이고 유학을 한 경우가 20명(13.1%)이다. 유학은 일본이 19명, 미국이 1명으로 거의 대부분이 일본에서 수학한 것으로 드러났다. 구체적으로는 동경 암창철도학교(4명), 경응의숙(3명) 출신이 많고, 동경제국대학과 와세다대학 등의 대학교와 각종의 전문학교·사범학교·고등학교·중학교 등의 학교를 거쳤다. 관명별로는 주임관이 37.0%, 판임관이 7.9%로서 주임관의 ⅓ 정도가 유학을 경험한 것으로 보인다. 이것은 판임관에 비하여 주임관에 유학 출신이 월등히 많았음을 시사하고 있다. 관서별로는 탁지부의 유학 출신이 10.1%, 내부 10.9%, 학부 7.6%, 농상공부 26.9%로써 농상공부의 관리들 가운데 유학 출신이 가장 많았다.

국내에서 수학한 133명 중에는 각종 관립학교 출신이 62명(46.6%)이고, 사립학교 출신이 31명(23.3%)이며, 나머지 40명(30.1%)은 가숙家塾으로 나타났다. 이를 통해 관립학교 출신이 사립학교 출신보다 2배 이상 많았음을 알 수 있다. 관립학교 출신 가운데는 일어학교 16명, 영어학교 6명, 덕어德語학교 1명 등 모두 23명으로 전체의 15.0%에 이르고 있다. 따라서 일어를 포함한 외국어를 습득한 자들이 내각에 다수 진출하였고, 특히 일어학교 출신자들이 1/10에 달하는 것으로 보아 일어 해득 능력이 관리 임용에 중요한 영향을 미쳤음을 보여준다. 이들 대부분이 친일 성향의 인물들이었을 가능성 역시 매우 크다고 할 수 있다. 이를 통해 친일파의 육성과 수용이 매우 치밀하게 진행되고 있었음을 알 수 있다. 사립학교를 보면, 경성학당 출신이 가장 많아 7.2%에 달하며, 그 밖에 보성전문학교·흥화학교·중교의숙·야학교 등의 출신이 많았다.

이러한 분석 결과를 볼 때 통감부기의 관리들 중에는 근대적 교육을 받은 이들이 상당히 많았음을 알 수 있다. 한말에 근대적 교육기관이 활발히 설립되어 인재 양성에 기여한 것은 주지의 사실이다. 이는 또한 근대적 교육을 받은 이들을 적극 관리로 수용하려는 정책의 결과이기도 했다. 1898년에는 각종 학교 학도 및 외국 유학생 중 졸업자를 수용하는 방안이 결정되었고, 1900년에는 외국어 학교와 중학교 졸업자 등을 수용하는 관제가 반포·시행되었으며, 1904년에도 각종 학교 졸업자를 수용하는 칙령이 반포되었던 것이다.[26]

〈표 6〉 내각 관리의 출신학교

국가	관사립	출신학교 학교	탁지부 주임	탁지부 판임	내부 주임	내부 판임	학부 주임	학부 판임	농상공부 주임	농상공부 판임	합계 주임	합계 판임	계
		한성사범학교								1		1	1
		중학교		2		1		1				4	4
		소학교	1	3							1	3	4
		한성상업학교						1				1	1

26) 김영모, 앞의 책, p.299.

국내	관립	일어학교	2	8		2		1		3	2	14	16
		영어학교		5					1		1	5	6
		덕어학교		1	1						1	1	2
		농림학교								11		11	11
		광무학교								1		1	1
		농상공학교		2								2	2
		무관학교						1				1	1
		경무청 일어속성과				1						1	1
		법관양성소		1								1	1
		잠업시험장		2						1		3	3
		관 상 감					2				2	2	2
		역산					2	4			2	4	6
	사립	보성전문학교		3								3	3
		진명학교				1						1	1
		흥화학교		4								4	4
		보광학교		1								1	1
		광성상업학교		3								3	3
		낙연의숙				1						1	1
		중교의숙		1	1					1	1	2	3
		경성학당		9		2						11	11
		야학교		4								4	4
	기타	가숙		1	6	33					6	34	40
일본		동경제국대학							1		1		1
		와세다대학	1								1		1
		경응의숙			1		1			1	2	1	3
		대판상업전문학교							1		1		1
		동경신전구사범학교				1						1	1
		동경공업고등학교	1								1		1
		동경암창철도학교				3				1		4	4
		장기상업학교		1								1	1
		동경부립제일중학교		1								1	1

		전문부기학교		1							1	1
		기타	1			1			2		3	1	4
미국		프린스턴대학							1		1		1
합계			6	53	9	46	6	7	6	20	27	126	153

내각 관리의 입관경로入官經路를 보면, 입관 경로가 기재된 26명 중 문관전고文官銓考 급제자가 가장 많은 11명이고, 그 다음은 소과小科의 진사과進士科 입격자가 7명, 무과 급제자가 5명이었다. 그 밖에 문과(대과)·생원과生員科·천거薦擧 출신이 각각 1명씩으로 나타나고 있다. 문관전고의 경우 1905년(광무9년) 5월 8일에 실시된 시험의 합격자가 10명이고, 1907년 임시전고 합격자가 1명이다. 근무 경력이 짧아서인지 전고銓考 출신은 1907년 8월 현재 모두 판임관 서기랑에 머물러 있다. 과거科擧의 경우는 문과의 대과 급제자보다 소과의 진사과 입격자가 훨씬 큰 비중을 차지하고 있다. 과거나 천거 출신은 거의 1894년 갑오개혁 이전에 임용되었으며, 전고 출신은 1905년 후에 임용되었다.

천거제도는 중국 한나라에서 확립된 이래 우리나라의 삼국시대와 고려시대를 거쳐 조선시대까지 지속적으로 관리임용제도로 기능하였다. 조선왕조의 천거제도는 과거·문음과 더불어 중요한 관리임용제도의 하나였다.[27] 이 같은 천거제는 갑오개혁기인 1894년에 과거제를 폐지한 뒤 그 대안(代案)의 하나로 수용되어 관리등용에 중요한 역할을 담당하기도 하였다.[28]

한편 전고銓考의 연원은 갑오개혁 때에 제정된 전고국조례銓考局條例에서 찾을 수 있다.[29] 과거제를 폐지한 뒤에 등장한 전고는 그 후 문관전고소규칙文官銓考所規則으로 확립되었다. 문관전고소규칙은 여러 차례의 개

---

27) 저자, 『조선시대 천거제도연구』, 초록배, 1995 참조.
28) 저자, 앞의 책, pp. 279~284.
29) 『고종실록』 권32, 31년 7월 12일.

정을 거쳐 1905년 4월 다음과 같이 정비되었다. 즉 문관전고에 응시할 수 있는 연령은 20세 이상이며, 시험의 종류는 초고初考와 회고會考로 나뉘었다. 초고의 시험과목은 논문論文 · 공문公文 · 역사歷史 · 지지地誌 · 산술算術 · 이학理學이었고, 회고의 과목은 정치학 · 경제학 · 국제법 · 사서四書 등이었다. 법률로 정해진 학교의 졸업생이나 외국유학생은 회고에 직부直赴하되, 대신 등의 보천保薦을 거치도록 규정하였다.30) 이러한 규정은 1906년 10월에 다시 개정되어 응시연령이 18세로 낮추어지고, 시험의 종류를 매년 2회의 정기시험과 임시시험으로 구분하며 초고와 회고의 시험과목을 조정하였다.31) 문관임용령에 의하면 문관전고의 합격은 관공립 고등학교 졸업 등과 함께 판임문관 임용자격의 하나로 규정되었다.32) 문관 외에 지방관이나 법관의 전고규정도 마련되어 있었다.

〈표 7〉 내각 관리의 입관경로

	칙임관	주임관	판임관	합계
문과		1		1
무과	1	4		5
생원과			1	1
진사과		5	2	7
천거	1			1
문관전고			11	11
합계	2	10	14	26

이들의 입관연도入官年度는 다음의 <표 8>과 같이 1894년 갑오개혁 이전이 328명 중 19명(5.8%)이었고, 1894년부터 1905년 을사조약 체결 시까지

---

30) 『관보』 3123호(광무 9년 4월 25일), 의정부령 제1호.
31) 『관보』 3595호(광무 10년 10월 27일), 의정부령 제2호.
32) 『관보』 부록(광무 10년 9월 28일), 칙령 제53호.

가 190명(57.9%)이었으며, 1906년 통감부기 이후가 119명(36.3%)으로 드러나고 있다. 따라서 거의 대부분이 갑오개혁 이후에 임용되었으며, 1894년에서 1905년 사이에 절반 이상이 입관하였음을 알게 된다. 칙임관은 모두 1906년 이전에 입관한 자들이며, 주임관은 1894~1905년에 가장 많이 입관하였고, 판임관은 1906년 이후의 입관자들이 상대적으로 큰 비중을 차지하였다.

〈표 8〉 내각 관리의 입관연도

		칙임관		주임관		판임관		합계	
		인원	%	인원	%	인원	%	인원	%
1894년 이전		5	55.6	10	17.9	4	1.5	19	5.8
1894년 ~ 1905년		4	44.4	40	71.4	146	55.5	190	57.9
1906년 이후	1906년			5	8.9	47	17.9	52	15.9
	1907년			1	1.8	66	25.1	67	20.4
	계			6	10.7	113	43.0	119	36.3
합계		9	100	56	100	263	100	328	100

내각 관리의 입관 당시 연령을 살펴보면, 최연소 16세부터 최고령 65세까지로 나타나고 있다. 이들의 연령은 20년대 전반이 43.1%이고 20대 후반이 16.3%로 20대가 전체의 60%가량을 차지하고 있다. 그 다음은 30대가 20% 정도여서 대부분이 20대와 30대에 입관하였으나, 10대 후반에 입관한 자와 60대 전반에 입관한 자들도 각각 7.7%와 0.6%를 점하였다. 평균 입관 연령은 28세이고, 학부의 평균 입관 연령이 39세로 가장 높게 나타났다.

〈표 9〉 내각 관리의 입관연령

	칙임관	주임관	판임관	합계	
				인원	%
10대 후반		4	21	25	7.7
20대 전반	2	21	117	140	43.1
20대 후반	1	6	46	53	16.3
30대 전반	4	14	32	50	15.4
30대 후반	1	6	10	17	5.2
40대 전반		4	16	20	6.2
40대 후반			6	6	1.8
50대 전반		2	6	8	2.5
50대 후반	1	2	1	4	1.2
60대 전반		2		2	0.6
합계	9	61	255	325	

　내각 관리의 초직初職을 분석한 내용이 다음의 <표 10>에 실려 있다. 이에 의하면 관리들이 처음 임용되어 받은 관직은 판임 관직인 주사・기수・교원・참봉 등 4개 관직이 80% 정도로 대부분을 이루고 있음을 보여주고 있다. 구체적으로는 주사가 37.8%, 기수가 30.2%여서 70%가량이 이 두 관직에 초임되었다. 또한 탁지부는 기수의 비율이 높고 내부・학부・농상공부는 주사의 비율이 높게 나타나고 있다. 특히 학부는 당연한 일이지만 각종 학교의 교관 등에 임용된 비율이 다른 부에 비하여 높다.

〈표 10〉 내각 관리의 초직

	탁지부	내부	학부	농상공부	합계	
					인원	%
주사	51	39	6	28	124	37.8
기수	74	9	1	15	99	30.2
교원	10	1	4	6	21	6.4

참봉	8	3	4	1	16	4.9
기타	27	14	13	14	68	20.7
합계	170	66	28	64	328	100

요컨대 통감부기 내각의 각 부 소속 조선인 관리들의 성분을 종합적으로 정리한다면, 1907년 현재 평균 연령은 34세이고 대부분이 문벌門閥 자제들이며, 국내 관립학교에서의 수학受學이 주류를 이루고 있었다. 또한 이들은 대체로 문관전고文官銓考에 급제하여 갑오개혁 이후 주사主事나 기수技手에 초임初任되었다고 할 수 있다.

한편 뒤의 <별표 3>에 나와 있는 경무청 경찰관 43명의 성분을 살펴보면 다음과 같다. 먼저 그들의 성씨는 조선 후기의 문벌이 28명중 8명(25.0%)에 불과하고 나머지 20명(75.0%)은 문벌 출신이 아닌 것으로 나타나고 있다. 이를 통하여 경찰관의 가문이 앞에서 살펴본 대신이나 내각 각 부 관리의 가문에 비하여 매우 낮다는 것을 알 수 있다. 1907년 현재 경찰관의 평균 연령은 경무사(칙임관)가 42세, 경무관(주임관)이 34세, 주사·총순(판임관)이 32세로서, 전체적으로는 33세였다.

그들의 학력을 보면 국내 근대 학교 출신이 2명(4.6%)이고 일본 유학 출신이 3명(6.3%)에 불과하여 학력이 각 부 관리에 비하여 낮다는 사실을 알게 된다. 입관경로는 무과만 1명으로 나와 있다. 또한 그들은 모두 1894년 갑오개혁 이후에 입관하였고, 1906년 통감부기 이후에 입관한 자들은 25%정도이다. 입관 당시의 연령은 16세부터 41세까지 분포되어 있으며, 평균 연령은 26세로 밝혀졌다. 경찰관의 초직을 알아보면, 순검과 총순이 각각 30.2%, 경무청 주사가 9.3%로서, 대부분이 순검과 총순에 초임되었음을 보여주고 있다. 결국 통감부기 경찰관들은 대체로 가문과 학력이 매우 낮고, 갑오개혁 이후 평균 26세에 총순과 순검으로 입관하였다고 할 수 있다.

이어서 <별표 4>에 의하여 지방 각 도 관찰사觀察使의 성분을 알아보도록 하겠다. 여기에서의 분석 대상은 통감부기에 관찰사에 임명된 자들 가운데 『대한제국관원이력서』에 이력 사항이 기재되어 있는 22명이다. 먼저 통감부기 관찰사들의 가문을 보면, 조선 후기의 문벌 출신이 64.7%로 나타나고 있어 가문이 매우 좋았음을 알게 된다. 또한 그들의 관찰사 임명 당시의 연령은 34세로부터 61세까지 분포되어 있으며, 연령이 확인된 26명 중 30대가 6명, 40대가 4명, 50대가 9명, 60대가 2명으로 평균 연령은 49세였다. 학력은 가숙이 71.4%, 국내 근대학교 출신이 14.3%, 일본유학 출신이 14.3%로서 가숙이 대부분을 차지하고 있다. 그들의 입관경로는 문과 3명, 무과 5명, 진사과 5명으로 나타나고 있어 59.0%정도가 각종 과거를 통해 입관하였음을 알 수 있다. 끝으로 관찰사들은 대부분 갑오개혁 이전에 입관하였는데, 그 가운데 1880년대 입관한 자들이 가장 많았다.

요컨대 통감부기 관찰사들의 경우 문벌 출신이 많아 가문은 매우 좋았으나, 대부분 근대적 교육을 받지 못하고 가정에서 수학하였고, 50세 정도에 관찰사에 임명되었다고 할 수 있다. 그리고 대체로 갑오개혁 이전에 각종 과거를 통하여 관계官界에 첫발을 들여놓은 것으로 보인다.

Ⅳ. 조선인 관리에 대한 서훈

통감부기에 일본은 조선인 관리들에게 훈장勳章을 수여하거나 품계品階를 올려 주는 서훈敍勳・승계陞階의 특전 등을 통하여 그들을 회유하려고 하였다. 조선인 관리에 대한 서훈・승계가 특히 집중적으로 이루어진 시기는 1910년 8월 29일 합병이 이루어지기 직전이었다.

먼저 서훈에 대하여 살펴보면 다음과 같다. 『구한국관보』에 의하면 다음의 <표 11>에 나타나듯이 합병 직전인 1910년 8월 12일부터 8월 29일 사이에 모두 905명의 조선인들에게 대대적인 서훈을 베풀었다. 일자별로는 합병조약 공포 당일인 8월 29일에 784명(86.6%)이 집중되었다. 이들에게 주어진 훈장은 금척대수장金尺大綬章으로부터 훈勳 8등 팔괘장八卦章까지 모두 16가지 종류이다.

원래 서훈에 관한 규정이 마련된 것은 광무 4년(1900) 4월 칙령勅令 제 13호로 반포된 '훈장조례勳章條例'에 의해서였다. 훈장조례에 따르면, 훈위勳位 · 훈등勳等은 공적功績과 근로勤勞가 있는 자에게 상을 주기 위하여 만든 것으로 계급階級이나 훈등에 따라 각종 훈장을 패용토록 되어 있었다. 훈등은 대훈위大勳位 · 훈勳 · 공功의 3종류로 정하고, 훈과 공은 각기 8등으로 나누도록 규정하였다. 훈장의 명목目名은 모두 6가지로 나뉘어졌는데, 금척대훈장金尺大勳章 · 서성대훈장瑞星大勳章 · 이화대훈장梨花大勳章 · 태극장太極章 · 팔괘장八卦章 · 자응장紫鷹章이 그것이다.[33]

이러한 규정에 의하여 합병직전에 실제로 이루어진 서훈상황을 보면, 서훈의 대상은 내각과 궁내부의 대신 등 고위관료는 물론이고, 밑으로 사병 · 순사에 이르기까지 매우 광범위하였다. 이들 가운데는 특히 전직 경찰과 군인이 829명(91.6%)으로 가장 많은 수를 차지하고 있다. 전직 경찰 중에는 순사가 532명이고, 사병이 217명이다. 이렇게 퇴임했거나 퇴임할 하급경찰 · 군인들에게 대거 훈장을 수여한 이유는 그들을 회유함으로써 합병에 따른 한국 민중의 동요와 저항을 막아보려는 데에 있었던 것으로 보인다.

---

33) 『고종실록』 권40, 광무 4년 4월 17일.

〈표 11〉 합병 직전의 서훈 상황

(1910년 8월 12일~1910년 8월 29일)

서훈 종류	서훈 인원	피서훈자被敍勳者의 관직
금척대수장	4	궁내부 대신 1 총리대신 1 군君 2
이화대수장	2	군 2
대훈 이화대수장	7	각부 대신 4 중추원 의장 1 시종원 경卿 1 시종무관장 1
훈1등 팔괘장	1	규장각 경 1
훈3등 태극장	1	규장각 제학 1
훈3등 팔괘장	6	장례원 전사典祀 1 규장각 기주관記注官 1 규장각 전제관典製官 1 표훈원 서기관 1 친위부 부관 1 한성은행 취체역 1
훈4등 팔괘장	7	궁내부 비서관 1 내각 서기관 2 탁지부 서기관 1 재무관 1 학부 편집국장 1 한성 수형조합장手形組合長 1
훈5등 태극장	5	내각 서기관 1 한성농공은행장 1 한일은행장 1 전前천일은행장 1 포병 참령參領 1
훈5등 팔괘장	17	내각서기관 2 학부비서관 1 농상공부서기관 3 규장각기주관 2 규장각직각直閣 2 장례원전사 1 전 경시 4 육군보병(정위) 2
훈6등 태극장	12	한성공동창고회사 이사 2 전 경시 7 육군 보병(참령) 1 육군 보병(부위) 2
훈6등 팔괘장	18	장례원 예식관 1 한성은행 감사역 1 천일은행 취체역 2 한일은행 취체역 1 전 경시 7 육군보병(참위·부위·정위) 6
훈7등 태극장	5	전 경부 4 육군보병(특무정교) 1
훈7등 팔괘장	67	장례원주사 1 규장각주사 3 토지조사국주사 1 학부주사 1 학부기수 1 관립한성고등여학교부교수 1 공립보통학교훈도 1 공립보통학교부훈도 2 군주사 9 전 군주사 2 전 경부 27 전 간수장 1 육군 보병(부위) 16
훈8등 태극장	51	전 순사 49 육군 보병(참교 · 부교) 2
훈8등 팔괘장	700	전 순사 483 육군 보병(일등졸 · 이등졸 · 상등병) 217
태극장	2	장례원 경 1 육군 보병(참령) 1
합계	905	

(『구한국관보』 제4758호(융희 4년 8월 16일) ~ (융희 4년 8월 29일) 호외에 의함)

합병 직전에 실시된 서훈 가운데 대신과 종친에 대한 것을 <표 12>에 구체적으로 제시하였다. 이 표에 의하면 대신·종친에 대한 서훈은 1910년 8월 25일과 27일 사이에 집중적으로 이루어졌다. 서훈을 받은 자들은 총리 대신 이완용 李完用 을 비롯한 내각 각 부의 대신과 민병석 閔丙奭 을 비롯한 궁내부의 고관들이 망라되어 있다. 그 밖에 의양군 義陽君 이재각 李載覺 등의 종친도 포함되었다. 이처럼 현직 고관들과 주요 종친들에게 서훈의 은전을 베푼 것은 통감부기 동안의 친일활동을 치하하고 앞으로 전개될 식민지 통치에 대해 계속적인 협조를 당부하는 의미가 내포되어 있었다고 하겠다.

〈표 12〉 합병 직전 대신·종친에 대한 서훈 상황

(1910년 8월 25일~1910년 8월 27일)

서훈일자	피서훈자		서훈내용	
	성명	관직	훈등	훈장
8월 25일	성기운	장례원 경		태극장
8월 25일	조동희	규장각 경	1등	팔괘장
8월 26일	민병석	궁내부 대신		금척대수장
8월 26일	이완용	총리대신		금척대수장
8월 26일	박제순	내부 대신	대훈	이화대수장
8월 26일	고영희	탁지부 대신	대훈	이화대수장
8월 26일	이용직	학부 대신	대훈	이화대수장
8월 26일	조중응	농상공부 대신	대훈	이화대수장
8월 26일	김윤식	중추원 의장	대훈	이화대수장
8월 26일	윤덕영	시종원 경	대훈	이화대수장
8월 26일	이병무	시종무관장	대훈	이화대수장
8월 27일	이재각	의양군		금척대수장
8월 27일	이준용	영선군		금척대수장
8월 27일	이해창	창산군		이화대수장
8월 27일	이해승	청풍군		이화대수장

(『구한국관보』 4768호 부록(융희 4년 8월 29일) 및 동일 호외에 의함)

다음은 승계陞階에 대해서 알아보도록 하겠다. 조선인에 대한 대대적인 승계는 이미 통감부 초기에 이루어진 바 있다. 다음의 <표 13>과 같이 1905년 11월 체결된 제 2차 한일협약(을사조약)의 규정에 의하여 통감부의 설치가 결정된 직후인 1906년 1월 19일과 23일 단 이틀 동안 모두 379명에게 승계를 실시했던 것이다. 승계의 내용을 보면 6품에서 정3품으로의 파격적인 승계가 다수 이루어졌다. 당시에 이와 같이 대폭적인 승계를 베푼 것은 통감부 설치에 대한 지배층의 동요를 막고 그들을 회유하기 위한 조처였던 것으로 보인다.

〈표 13〉 1906년 1월 승계 내역

품계 내용	1월 19일	1월 23일	합계
종 2 품(가선, 嘉善) → 종 2 품(가의, 嘉義)	6	3	9
정 3 품 → 종 2 품	51	16	67
종 3 품 → 정 3 품	2		2
4 품 → 정 3 품		2	2
5 품 → 정 3 품	8		8
6 품 → 정 3 품	217	74	291
합계	284	95	379

(『구한국관보』 광무 10년 1월 21일 호외 ~ 3370호(광무 10년 2월 7일)에 의함)

통감부 초기에 이루어진 것과 같은 대대적인 승계 작업은 합병 직전에도 그대로 되풀이되었다. 즉 합병 직전인 1910년 8월 5일부터 8월 29일까지 모두 561명에 대한 승계가 이루어졌다. 특히 8월 27일에만 전체 승계자의 절반이 넘는 305명에게 승계의 은전을 부여하였다. 승계자 가운데는 궁내부・내각 등의 관리가 122명(21.7%)이었고, 관직은 없고 품계만 지닌 무직자無職者가 439명(78.3%)이었다. 관리 중에는 궁내부 고관과 종친이 다수 포함되어 있다. 망국亡國의 관리 등에게 이러한 승계를 실시한 것은 역시 회유정책의 일환이었다고 하겠다.

〈표 14〉 합병 직전의 승계 내역

(1910년 8월 5일~1910년 8월 27일)

승계 내용	인원	승계 내용	인원
종1품(숭정, 崇政) → 종1품(숭록, 崇祿)	1	정3품 → 종2품	121
종1품 → 정1품	3	종3품 → 정3품	7
정2품 → 종1품	2	6품 → 정3품	200
정2품(자헌, 資憲) → 정2품(정헌, 正憲)	1	9품 → 6품	156
종2품 → 정2품	56	합계	561
종2품(가선, 嘉善) → 종2품(가의, 嘉義)	14		

(『구한국관보』 4751호 (융희 4년 8월 8일)~동년 8월 29일 호외에 의함)

〈표 15〉 합병 직전의 고관 승계자

(1910년 8월 5일~1910년 8월27일)

승계 일자	성명	관직	승계
8. 5	이준용	종1품 영선군	정1품 상보국
	윤덕영	종1품 시종원 경	정1품 보국
	김윤식	종1품 중추원 의장	정1품 보국
	조민희	정2품 승령부 총관	종1품
8. 19	박재빈	승령부 부총관	정2품
	민상호	수학원장	정2품
	윤우선	황후궁 대부	정2품
	고희경	동궁 대부	정2품
	이회구	시종원 경	가의

	이회구	시종원 경	가의
	이겸제	주전원 경	가의
8. 19	고희성	장례원 예식관	가의
	조경준	내장원 부 경	가의
	서상훈	수학원 차장	가의
8. 24	최석민	내장원 경	정2품
8. 25	이재각	의양군	종1품
	이해승	청풍군	정2품
	민영돈	규장각 지후관	정2품
	이재덕	경효전 전사	정2품
	이희두	육군 참장	정2품
	조성근	육군 참장	정2품
	조영희	중추원 찬의	정2품
8. 27	이재극	종1품	숭록
	윤응열	정2품	정헌

(『구한국관보』 4751호 (융희 4년 8월 8일)~(동년 8월 29일) 호외에 의함)

한편 합병 직전에는 앞에서 살펴본 서훈·승계와 함께 광범위한 증직贈職과 증시贈諡가 이루어졌다. 증직과 증시의 규정은 이미 조선 전기부터 제정, 시행되었다. 증직은 종친宗親과 문·무의 실직實職 2품 이상 관리의 3대, 즉 부모·조부모·증조부모 등에게 추증追贈하도록 규정되어 있었다.34) 또한 증시는 종친 및 2품 이상의 문·무 실직 관리와 학덕 높은 유현儒賢 등에게 사후死後에 시호諡號를 내리도록 규정되었다.35)

증직 규정은 융희隆熙 2년(1908) 4월에 개정되어 포달布達 제175호로 반포되었다. 당시에 개정된 증직규례贈職規例에 의하면, 증직은 특증特贈과 추증追贈의 두 가지로 구분되었다. 이 가운데 특증은 군공軍功 및 전망자戰亡者와 충효忠孝·학행學行이 뛰어난 자에게 베풀되, 본직本職에 따라 승품

---
34) 『경국대전』 권1, 이전 추증조.
35) 『속대전』 권1, 이전 증시조.

陛品 혹은 초품超品토록 하고, 추증은 현직 친임관親任官 · 칙임관勅任官의 고考(사망한 아버지)이상 3대에게 내리도록 되어 있었다.36)

합병 직전에 이루어진 실제의 증직 상황을 『구한국관보』의 기사를 통해 살펴보면, 1910년 8월 10일과 8월 28일 사이에 10차에 걸쳐 145명의 유현儒賢과 고관 등에게 특증 또는 추증이 베풀어졌다. 또한 증시는 7월 26일부터 8월 26일까지 모두 118명에 달하는 조선 시대의 명신名臣과 대유大儒들에게 시호를 내렸다. 이처럼 조선왕조의 저명한 고관과 유학자들을 대상으로 대규모의 증직 · 시호를 단행한 것은 조선의 지배계급과 유림儒林을 회유하여 일제의 식민지 지배를 용이하게 하려는 데 그 의도가 있었다고 할 수 있을 것이다.

V. 맺음말

1906년초에 통감부統監府가 설치되어 통감정치가 시작되면서 한국 정부의 인사권人事權은 상당 부분 통감의 수중으로 넘어갔다. 그러나 이 때까지도 일본인을 직접 한국 정부의 관리로 임명하는 경우는 드물었으나, 1907년 7월 한일신협약의 체결에 따라 일본인을 한국 정부의 차관次官 등 요직要職에 배치함으로써 행정을 직접 장악할 수 있게 되었다. 한일신협약 체결 후 일본인이 본격적으로 대거 임용된 것은 1908년 1월부터였다. 이 때 이후로 일본인들은 한국의 내각內閣과 궁내부宮內部의 고위 관리는 물론 하위 관리에까지 깊숙이 침투하였다. 그리하여 1908년 말 현재 일본인 관리는 궁내부 · 내각의 고등관과 판임관, 순사 · 촉탁 · 고원 · 통감부 관리 등을 합하여 모두 6,900여명에 달하였다. 이러한 일본인 관리의 수는

---

36) 『순종실록』 권2, 융희 2년 4월 2일.

조선인의 그것을 오히려 능가하는 것이었다. 일본인 관리는 그 이후에도 지속적으로 증가하였다.

1908년 이후 일본인 관리의 대폭 증가와 조선인 관리의 상대적 감소의 경향은 내각 소속 칙임관 이상 관료의 임명 상황에서도 잘 드러나고 있다. 즉 조선인으로서 내각의 칙임관 이상에 임명된 자의 수는 1908년에 접어들면서 전년도보다 절반으로 줄어들었으며 1909년 이후에는 거의 없었다. 1908년 이후에 임명된 자들도 그나마 대부분 실권實權없는 관직에 임명되었을 뿐이다. 이와 같이 일본은 통감부기, 특히 한일신협약이 체결된 직후인 1908년부터 일본인 관리를 대폭적으로 채용하고 조선인 관리의 임용은 크게 줄였으나 그 조선인 관리들도 거의 친일 인사들이었다. 이로써 일본이 인사정책을 통하여 침략을 가속화하였으며, 일본인과 친일파 관리들을 동원하여 한국의 국정國政을 요리해 나가려고 했음을 알 수 있다.

한편 통감부 말기에 내각의 대신大臣과 중추원 고관高官을 지낸 자들은 1910년 당시 평균 연령이 53세였으며, 가문 배경은 거의 종친이거나 문벌 출신이었다. 그들은 대개 가정에서 수학한 뒤 갑오개혁甲午改革 이전, 특히 1880년대에 문과文科와 무과武科에 급제하여 관계에 들어왔다. 이들이야말로 통감부기에 일본의 침략정책 수행에 적극적으로 협력한 대표적 친일 인사들이었다.

통감부기 내각 관리들의 1907년 현재 연령은 10대에서 70대까지 넓게 분포되어 있었으나 20대·30대가 주류를 이루었다. 평균 연령은 34세로서 칙임관이 50세, 주임관이 42세, 판임관이 31세였다. 이들은 또한 대부분이 조선 후기 이래의 문벌門閥 자제子弟들이었다. 이것은 관계官界 진출에 문벌이 크게 작용했으며, 조선 후기에 정착된 문벌이 당시까지도 여전히 그 성세를 유지하고 있었음을 시사하고 있다.

내각 관리들의 학력學歷은 국내 수학受學이 87% 가량이고, 유학을 한 경우가 13% 정도였다. 국내에서 수학한 자들은 근대적 교육기관인 각종 관립학교 출신이 47%, 사립학교 출신이 23%였고, 그 외에는 가숙家塾이 30%로 나타났다. 이들 가운데는 특히 일어학교日語學校 출신이 10%에 이르러 친일 성향의 인물들이 대거 관리로 발탁되었음을 보여준다. 유학 출신들은 일본의 대학·전문학교 등을 비롯한 다양한 교육기관에서 수학하였다.

이들의 입관경로入官經路를 보면 문관전고文官銓考 급제자가 가장 많았고, 그 다음은 소과小科의 진사과進士科 입격자入格者와 무과武科 급제자의 순이었다. 그 밖에 천거薦擧·문과(대과)·생원과生員科 출신도 약간 포함되어 있었다. 또한 이들의 입관연도入官年度는 1894년 갑오개혁 이후 1905년 을사조약 체결 때까지가 가장 큰 비중을 차지하였고, 그 나머지는 대부분 1906년 통감정치 개시 이후에 임용되었다. 이들은 평균 28세에 입관入官하여 대부분 판임관직인 각 부의 주사主事·기수技手·교관敎官·참봉參奉에 초임初任되었다.

그리고 통감부기 경찰관들의 성분을 보면, 대체로 가문과 학력이 매우 낮고, 갑오개혁 이후 평균 26세에 총순이나 순검에 초임된 것으로 밝혀졌다. 또한 당시의 관찰사들은 대부분 문벌의 후예로 가문이 좋았으나 근대적 교육을 받지 못하고 가정에서 수학한 것으로 나타났다. 그들은 갑오개혁 이전에 각종 과거를 거쳐서 입관한 자들이 주류를 이루고 있었으며, 관찰사에 임명될 때의 평균 연령은 50세였다.

한편 일본은 1910년 8월 29일 합병 직전에 한국인들에게 대대적인 서훈敍勳·승계陞階·증직贈職·증시贈諡 등의 은전恩典을 베풀어 합병에 따른 충격을 최소화하고 한국의 지배층이나 유림儒林들을 적극적으로 회유하려고 시도하였다. 합병 직전에 이루어진 은전의 인원은 서훈이 905명, 승계가 561명, 증직이 145명, 증시가 118명으로 총계 1,729명에 이르렀다. 이것은 본격적인 식민지 지배를 눈앞에 두고 있던 일본이 한국민의 회유와

포섭에 심혈을 기울이고 있었음을 단적으로 보여주는 사례라고 하겠다.

통감부 설치 초기부터 한일합병 직전까지의 통감부기는 총독부 시기와 거의 다름없는 식민지 시대였다고 할 수 있다. 이 같은 시기에 복무한 조선인 관리들은 일제의 직·간접적인 협력자 내지 동조자들이었다. 따라서 이들은 지금까지 살펴본 것처럼 대부분 친일 성향을 지닌 자들로서 민족이나 국가의 기울어져가는 운명을 외면한 채 체제에 순응하고 있었다. 또한 일본은 이러한 체제 순응자들을 등용하는 인사정책을 통하여 침략을 가속화하고 통치의 효율을 기하고자 했던 것이다.

〈별표 1〉 통감부기 칙임관 이상 관료의 임명상황

(1906년 1월~1910년 8월 : 궁내부·중추원 제외)

임명일자	성명	전임관직	신임관직	
			관직	관등
〈1906〉 1.18	한창수 (韓昌洙)	무안 감리	의정부 외사국장	칙임3등
1. 18	조민희 (趙民熙)	육군 부령	경남 관찰사	칙임3
1. 18	신태휴 (申泰休)	육군 법원장	경북 관찰사	칙임3
2. 22	이근홍 (李根洪)	종 2 품	경기 관찰사	칙임3
2. 22	주석면 (朱錫冕)	전남 관찰사	충남 관찰사	칙임3
2. 22	이도재 (李道宰)	육군 부장	전남 관찰사	칙임3
2. 24	윤철규 (尹喆圭)	경 무 사	충북 관찰사	칙임3
3. 29	이준상 (李濬相)	정 3 품	탁지부 이재국장	칙임3
3. 30	이준영 (李準榮)	학부 협판	강원도 관찰사	칙임3
4. 11	김규희 (金圭熙)	예식원 부경	학부 협판	칙임2
5. 8	김가진 (金嘉鎭)	중추원 부의장	충남 관찰사	칙임3
5. 9	민상호 (閔商鎬)	중추원 찬의	강원도 관찰사	칙임3

임명일자	성명	전임관직	신임관직	
			관직	관등
5. 28	민영규(閔泳奎)	정1품	의정부 의정대신	친임
5. 29	심상훈(沈相薰)	표훈원 총재	강원도 관찰사	칙임3
5. 29	주석면(朱錫冕)	정2품	함남 관찰사	칙임3
6. 13	이강하(李康夏)	육군 사계감(司計監)	군부 경리국장	칙임3
6. 18	조병호(趙秉鎬)	정1품	의정부 의정대신	친임
6. 27	김규희(金奎熙)	학부 협판	법부 협판	칙임2
7. 8	정봉시(鄭鳳時)	내부 회계국장	내부 지방국장	칙임3
7. 19	이중하(李重夏)	궁내부 특진관	경북 관찰사	칙임3
7. 19	이근홍(李根洪)	정2품	경기 관찰사	칙임3
8. 2	심상익(沈相翊)	봉상사 제조	전남 관찰사	칙임3
8. 2	박이양(朴彛陽)	안악 군수	황해도 관찰사	칙임3
8. 6	이재곤(李載崑)	정2품	경북 관찰사	칙임3
8. 18	민상호(閔商鎬)	종2품	경기 관찰사	칙임3
8. 18	윤길병(尹吉炳)	정3품	충북 관찰사	칙임3
8. 18	정봉시(鄭鳳時)	내부 지방국장	함남 관찰사	칙임3
8. 18	유성준(俞星濬)	내부 경무국장	내부 지방국장	칙임3
8. 18	김창한(金彰漢)	한성부 참서관	내부 경무국장	칙임3
8. 30	성기운(成岐運)	중추원 찬의	경기 관찰사	칙임3
8. 30	이원긍(李源兢)	정3품	경북 관찰사	칙임3등
9. 21	한진창(韓鎭昌)	전북 관찰사	경북 관찰사	칙임3
9. 21	김규긍(金奎兢)	법부 협판	전북 관찰사	칙임3
9. 21	이원긍(李源兢)	비서감 丞	법부 협판	칙임2

임명일자	성명	전임관직	신임관직	
			관직	관등
9. 27	이시영 (李始榮)	정3품	평남 관찰사	칙임3
9. 27	권익상 (權益相)	부안 군수	강원도 관찰사	칙임3
12. 12	유성준 (俞星濬)	내부 지방국장	학부 학무국장	칙임3
12. 12	유맹 (劉猛)	홍주 군수	내무 지방국장	칙임3
12. 22	조병호 (趙秉鎬)	궁내부 특진관	의정부 의정대신	친임
12. 22	박승봉 (朴勝鳳)	봉상시 제조	의정부 법제국장	칙임3
〈1907〉 1. 18	김사묵 (金思黙)	중추원 찬의	경 무 사	칙임2
1. 31	박의병 (朴義秉)	한성 부윤	내부 협판	칙임2
3. 5	이충구 (李忠求)	중추원 찬의	경북 관찰사	칙임3
3. 18	심상익 (沈相翊)	전남 관찰사	내부 협판	칙임2
3. 29	현은 (玄檃)	정3품	내부 지방국장	칙임3
4. 18	백성기 (白性基)	군부 군무국장	군부 협판	칙임2
4. 18	김승규 (金昇圭)	육군 참장	군부 군무국장	칙임2
4. 27	김각현 (金珏鉉)	궁내부 특진관	법부 협판	칙임2
4. 27	김재풍 (金在豊)	중추원 찬의	강원도 관찰사	칙임3등
4. 27	박승봉 (朴勝鳳)	의정부 법제국장	평북 관찰사	칙임3
4. 27	박경양 (朴慶陽)	의정부 참서관	의정부 법제국장	칙임3
4. 27	윤성보 (尹性普)	법부 참서관	함북 관찰사	칙임3
5. 13	이건영 (李健榮)	탁지부 사세국장	충남 관찰사	칙임3
5. 17	이규항 (李圭恒)	종2품	학부 협판	칙임2
5. 25	고영희 (高永喜)	경리원 경	탁지부 대신	친임
5. 25	조중응 (趙重應)	정3품	법부 대신	친임

임명일자	성명	전임관직	신임관직	
			관직	관등
5. 25	송병준(宋秉畯)	정3품	농상공부 대신	친임
5. 28	한진창(韓鎭昌)	중추원 찬의	군부 협판	칙임2
5. 30	유성준(俞星濬)	학부 학무국장	내부 협판	칙임2
5. 30	김재풍(金在豊)	강원도 관찰사	경무사	칙임2
5. 30	황철(黃鐵)	농상공부 협판	강원도 관찰사	칙임3
5. 30	유맹(劉猛)	정3품	농상공부 협판	칙임2
5. 30	최석민(崔錫敏)	종2품	경기 관찰사	칙임3
5. 30	권봉수(權鳳洙)	내부 참서관	내부 경무국장	칙임3
5. 30	윤치오(尹致旿)	전 유학생감독	학부 학무국장	칙임3
6. 3	원응상(元應常)	의정부 참서관	탁지부 사세국장	칙임3
6. 7	박중양(朴重陽)	대구 군수	평남 관찰사	칙임3등
6. 7	양재익(梁在翼)	양근 군수	충남 관찰사	칙임3
6. 7	김규창(金奎昌)	파주 군수	전남 관찰사	칙임3
6. 14	이완용(李完用)	정2품	내각총리 대신	친임
6. 15	한창수(韓昌洙)	정3품	내각 서기관장	칙임2
6. 15	박경양(朴慶陽)	정3품	내각 법제국장	칙임3
6. 15	이건춘(李建春)	정3품	내각 외사국장	칙임3
6. 17	유세남(劉世南)	전 협판	함남 관찰사	칙임3
6. 20	유성준(俞星濬)	정3품	내부 차관	칙임2
6. 20	유정수(俞正秀)	종2품	탁지부 차관	칙임2
6. 20	한진창(韓鎭昌)	육군 참장	군부 차관	칙임2
6. 20	김각현(金珏鉉)	종2품	법부 차관	칙임2

임명일자	성명	전임관직	신임관직	
			관직	관등
6. 20	이규항 (李圭恒)	종 2 품	학부 차관	칙임2
6. 20	유맹 (劉猛)	정 3 품	농상공부 차관	칙임2
6.25	염중모 (廉仲模)	정 3 품	내부 지방국장	칙임3
6.28	김사묵 (金思黙)	중추원 찬의	경남 관찰사	칙임3
6.28	이호성 (李鎬成)	종 2 품	충북 관찰사	칙임3
7.4	한남규 (韓南 奎)	명천 군수	함남 관찰사	칙임3
8. 8	유성준 (俞星濬)	내부 차관	내각 법제국장	칙임2등
8. 9	이규항 (李圭恒)	학부 차관	경기 관찰사	칙임3
8. 17	이재극 (李載克)	수학원 장	표훈원 총재	칙임1
9. 19	유맹 (劉猛)	농상공부 차관	전북 관찰사	칙임3
〈1908〉 1. 1	이시영 (李始榮)	한성재판소 수반판사	법부 민사국장	칙임3
1. 1	원응상 (元應常)	탁지부 사세(司稅)국장	탁지부 사계(司計)국장	칙임3
1. 1	김영한 (金榮漢)		탁지부 인쇄국장	칙임3
1. 1	유맹 (劉猛)	전북 관찰사	내부 위생국장	칙임2
1. 1	김낙헌 (金洛憲)		법부 형사국장	칙임3
1. 21	이두황 (李斗璜)	정 3 품	전북 관찰사	칙임3
6. 6	임선준 (任善準)	내부 대신	탁지부 대신	친임
6. 6	송병준 (宋秉畯)	농상공부 대신	내부 대신	친임
6. 6	조중응 (趙重應)	법부대신	농상공부 대신	친임
6. 6	고영희 (高永喜)	탁지부 대신	법부 대신	친임
6. 11	박중양 (朴重陽)	평남 관찰사	경북 관찰사	칙임3
6. 11	김사묵 (金思黙)	경북 관찰사	경기 관찰사	칙임3

임명일자	성명	전임관직	신임관직	
			관직	관등
6. 11	황철 (黃鐵)	강원도 관찰사	경남 관찰사	칙임3
6. 11	이진호 (李軫鎬)	전 부찬의	평남 관찰사	칙임3
6. 11	이범래 (李範來)	전 부찬의	함남 관찰사	칙임3등
6. 11	권봉수 (權鳳洙)	내장원 부경	충북 관찰사	칙임3
6. 11	신응희 (申應熙)	전 부찬의	전남 관찰사	칙임3
6. 11	조희문 (趙羲聞)	전 감사관	황해도 관찰사	칙임3
6. 11	최정덕 (崔廷德)	전 부찬의	충남 관찰사	칙임3
6. 11	이규완 (李圭完)	전 부찬의	강원도 관찰사	칙임3
8. 13	염중모 (廉仲模)	내부 지방국장	내부 위생국장	칙임3
〈1909〉 2. 27	박재순 (朴齋純)	중추원 고문	내부 대신	친임
10. 21	고영희 (高永喜)	법부 대신	탁지부 대신	친임
10. 21	이용직 (李容稙)	종 1 품	학부 대신	친임

(『구한국관보』 제3338호 (광무 10년 1월 1일)~제4768호(융희 4년 8월 29일)에 의함)

〈별표 2〉 통감부기 내각 각부 조선인 관원의 이력

<탁지부>

(1907년 8월 현재)

성명	현직		연령	본관	최종학력	입관			초직	
	관등	관직				경로	연도	연령	관등	관직
유정수 柳正秀	칙임2	차관	51	전주		천거	1883	27		전환국 사사(司事)
김명규 金命圭	주임4	서기관	31	안동			1898	22	판임8	장릉 참봉
한규복 韓圭復	주임3	번역관	27	청주	일본 와세다대학		1904	24	판임6	참모부 번역관보
박용구 朴容九	주임4	번역관	29		관립 일어학교		1899	21	판임6	양지아문 기수보
이봉종 李鳳鍾	판임	서기랑	25	전주			1902	20	판임6	전보사 주사
박기양 朴綺陽	판임	서기랑	32	반남	생원과		1906	31	판임8	탁지부 주사
방필영 方必榮	판임	서기랑	42	온양			1901	36	판임6	광제원 제약사
권상욱 權相昱	판임	서기랑	45	경주			1887	25		사용(司勇)
송병석 宋秉奭	판임	번역관보	22		사립 경성학당		1906	21	판임	탁지부 번역관보
홍종욱 洪鍾旭	판임	번역관보	24	남양			1903	20	판임	의학교 교관
민병승 閔丙昇	판임	서기랑	26	여흥			1906	25	판임8	외국어학교 부교관
안종철 安鍾哲	판임	서기랑	27	광주	관립한성 일어학교		1907	27	판임	탁지부 주사
이도익 李度翼	주임2	서기관	43	연안			1894	30	판임2	법무아문 주사
정인방 鄭寅昉	판임	서기랑	29	동래			1901	23	판임6	탁지부 주사
김이현 金怡鉉	판임	서기랑	36	광산	법관양성소	문관전고	1905	34	판임8	탁지부 주사
조한종 趙漢宗	판임	서기랑	35	임천			1906	34	판임	탁지부 주사
남직희 南稷熙	판임	서기랑	37	의령			1899	29	판임6	전보사 주사
최영구 崔榮玖	판임	서기랑	42	해주		문관전고	1906	41	판임	탁지부 주사

성 명	현직		연령	본관	최종학력	입관			초직	
	관등	관직				경로	연도	연령	관등	관직
이용구 李龍求	판임	서기랑	36	한산		진사과	1902	31	판임	혜민원 주사
임상원 林相元	판임	서기랑	19	밀양	경성학당		1907	19	판임	탁지부 서기랑
이경식 李敬植	판임	서기랑	25	완산	관립한성일어학교		1907	25	판임	탁지부 주사
이경희 李慶熙	판임	서기랑	27		일본전문부기학교		1906	26	판임	탁지부 주사
김경식 金璟植	판임	서기랑	26	경주	관립한성일어학교		1903	22	판임	외국어학교 부교관
오구근 吳九根	판임	서기랑	29	해주			1901	23	판임6	전환국 기수
김병선 金炳璇	판임	서기랑	34	안동			1890	23		소재원 수봉관
남찬희 南瓚熙	판임	서기랑	27				1904	24	판임8	순창원 참봉
임신재 任愼宰	판임	서기랑	25				1904	22	판임6	중학교 교관
한승현 韓升鉉	판임	서기랑	50				1903	46	판임6	탁지부 주사
최병찬 崔秉瓚	판임	서기랑	26		보성전문학교		1907	26	판임	탁지부 서기랑
이유선 李愈善	판임	서기랑	38				1905	36	판임6	관찰부 주사
심종협 沈鍾協	판임	서기랑	26				1905	24	판임8	경릉 참봉
김희영 金喜榮	판임	서기랑	23		경성학당		1906	22	판임	탁지부 주사
윤성희 尹成熙	판임	서기랑	31		보성전문학교		1901	25	판임6	외부 주사
박용준 朴容俊	판임	서기랑	48				1895	36	판임8	탁지부 주사
이학규 李鶴圭	칙임3	사계국장	55	홍주			1883	31		규장각 검서관
구희서 具羲書	주임3	서기관	47				1880	20		의금부 도사
심형진 沈衡鎭	판임	서기랑	27	청송			1901	21	판임6	탁지부 주사
유인수 柳仁秀	판임	서기랑	27	전주	관립영어학교		1903	23	판임6	전보사 주사
홍태섭 洪台燮	판임	서기랑	24	남양			1906	23	판임8	관찰부 주사

성 명	현직		연령	본관	최종학력	입관			초직	
	관등	관직				경로	연도	연령	관등	관직
홍우정 洪祐定	판임	서기랑	19	풍산			1907	19	판임	탁지부 주사
전창진 田昌鎭	판임	서기랑	22	담양	경성학당		1906	21	판임	탁지부 주사
이준상 李濬相	칙임3	이재국장	68	정읍			1896	57	판임6	관찰부 주사
민영오 閔泳五	주임3	서기관	48	여흥			1895	36	판임6	학부 주사
한상학 韓相鶴	주임2	서기관	36	청주		문과	1894	23		승문원 가주서
이용순 李容淳	판임	서기랑	34	전주			1895	22	판임6	탁지부 주사
심환진 沈晥鎭	판임	서기랑	36	청송			1901	30	판임6	탁지부 주사
이규승 李奎昇	판임	서기랑	19	덕수			1905	17	판임6	탁지부 주사
임시윤 林始潤	판임	서기랑	46	부안			1906	45	판임	탁지부 주사
김창현 金昌鉉	판임	서기랑	27	광산			1898	18	판임8	장릉 참봉
한익교 韓翼敎	판임	서기랑	22	청주	사립 중교의숙		1902	17	판임6	혜민원 주사
이필우 李弼雨	판임	서기랑	36	경주			1901	30		양지아문양무위원
신우선 申佑善	주임4	서기관	35	평산	일본 유학		1904	32	판임6	법관양성소 교관
노 일 盧 鎰	판임	서기랑	42			문관전고	1906	41	판임	탁지부 주사
최홍식 崔弘植	판임	서기랑	24				1905	22	판임	탁지부 주사
김유응 金裕膺	판임	서기랑	38				1906	37	판임	탁지부 주사
인동식 印東植	판임	서기랑	50	교동			1894	37	판임5	외무아문 주사
강봉수 姜鳳秀	판임	서기랑	22	진주			1901	16	판임6	내부 주사
유기덕 柳基德	판임	서기랑	23	전주	관립 일어학교		1905	21	판임6	외국어학교 부교관
유상범 俞相範	판임	번역관보	39		일본장기상업학교		1894	26	판임6	통신국 주사
김영한 金榮漢	칙임3	인쇄국장	51	안동			1886	30		의금부 도사

성 명	현직		연령	본관	최종학력	입관			초직	
	관등	관직				경로	연도	연령	관등	관직
이상철 李象喆	주임6	기사	49	전주			1896	38	판임6	전환국 주사
유치설 俞致卨	주임4	기사	26	기계			1899	18	판임8	영회원 참봉
오태환 吳台煥	주임	기사	25	해주			1906	24	판임	탁지부 기수
박연희 朴年熙	판임	서기랑	34	영해			1896	23	판임6	탁지부 주사
안봉흠 安鳳欽	판임	서기랑	45	순흥			1895	33	판임8	관찰부 주사
최호원 崔鎬元	판임	서기랑	35	무주			1900	28	판임6	전환국 기수
심종서 沈鍾瑞	판임	서기랑	19	청송			1905	17	판임8	시종원 시어
조종훈 趙鍾勛	판임	기수	30	백천			1901	24	판임6	전환국 기수
김익종 金益鍾	판임	기수	34	음성			1899	26	판임7	전환국 기수
임시택 林始澤	판임	기수	48	밀양			1901	42	판임6	전환국 기수
한홍진 韓弘鎭	판임	기수	27	청주			1901	21	판임6	전환국 기수
이우영 李友榮	판임	기수	24	경주			1905	22	판임	탁지부 기수
오대근 吳大根	판임	기수	38	낙안			1899	30	판임6	궁내부 주사
박동구 朴同九	판임	기수	32	고령			1907	32	판임	탁지부 기수
김기성 金基晟	판임	기수	24				1907	24	판임	탁지부 주사
진희성 秦熙晟	주임4	사무관	50			무과	1887	30		사 용(司 勇)
유수환 俞羙煥	주임4	기사	42				1906	41	판임	탁지부 기수
김유동 金裕東	판임	서기	32				1898	23	판임8	관찰부 주사
이병식 李丙植	판임	서기	32		경성학당		1906	31	판임	탁지부 주사
이종소 李鍾韶	판임	서기	22		동경부립제일 중학교	임시전고	1907	22	판임	탁지부 서기
김상익 金相翊	판임	서기	23		잠업시험장		1903	19	판임6	농공상부 기수

성명	현직		연령	본관	최종학력	입관			초직	
	관등	관직				경로	연도	연령	관등	관직
김명제 金明濟	주임2	사무관	53	경주			1874	20		예빈시 참봉
박정선 朴正銑	주임4	사무관	39	무안	동경고등 공업학교		1900	32	판임6	상공학교 교관
조한혁 趙漢赫	주임4	기사	24	임천	관립경성심상 소학교		1906	23	판임	내부 주사
김철구 金澈龜	주임4	기사	31	울산	관립 일어학교		1895	19	판임8	우체사 기수
송문현 宋文賢	주임3	서기관	44			무과	1885	22		효력부위 (効力副尉)
성재구 成在九	판임	서기랑	22	강릉	관립 일어학교		1905	20	판임6	외국어학교부교관
강대성 姜大成	판임	기수	31		관립 영어학교		1900	24	판임6	양지아문 기수보
조명호 趙明鎬	판임	기수	24	평양	사립 흥화학교		1900	17	판임6	양지아문 기수보
주영운 朱榮運	판임	기수	22	웅천	관립 일어학교		1905	20	판임6	외국어학교부교관
배윤명 裵允明	판임	기수	22		사립 광성상업학교		1906	21	판임	탁지부 기수
백흥기 白興基	판임	기수	23		동아개조교육 회야학교		1906	22	판임	탁지부 기수
노순근 盧淳根	판임	기수	28		경성 학당		1905	26	판임	탁지부 기수
한학수 韓學洙	판임	기수	29	청주	관립 중학교		1906	28	판임	탁지부 기수
심종대 沈鍾大	판임	기수	50	남양	사립보성찬문 야학교		1906	49	판임	탁지부 기수
신필균 申弼均	판임	기수	27	평산			1907	27	판임	탁지부 기수
유준호 柳俊浩	판임	기수	24	진주	관립 영어학교		1907	24	판임	탁지부 기수
허 민 許 旻	판임	기수	20	양천			1907	20	판임	탁지부 기수
김윤성 金潤成	판임	기수	33		사립 흥화학교		1906	32	판임	탁지부 기수
박희용 朴熙鎔	판임	기수	26		사립 보성 찬문야학교		1907	26	판임	탁지부 기수
박희정 朴熙正	판임	기수	27		사립 광성상업학교		1907	27	판임	탁지부 기수
문상옥 文祥鈺	판임	기사	30		사립 흥화학교		1906	29	판임	탁지부 기수

성 명	현직		연령	본관	최종학력	입관			초직	
	관등	관직				경로	연도	연령	관등	관직
최연식 崔璉植	판임	기수	22	경주			1907	22	판임	탁지부 기수
문항선 文恒善	판임	기수	19	남평	관립 고등소학교		1907	19	판임	탁지부 기수
이장하 李章夏	판임	기수	31				1904	28	판임	철도국 기수
박수익 朴秀益	판임	기수	21	밀성	사립 보성 찬문야학교		1907	21	판임	탁지부 기수
홍우헌 洪祐憲	판임	기수	27				1907	27	판임	탁지부 기수
박윤정 朴潤禎	판임	기수	25	밀양			1907	25	판임	탁지부 기수
김윤철 金潤哲	판임	기수	19		가 숙		1906	18	판임	탁지부 기수
홍철순 安哲淳	판임	기수	27				1907	27	판임	탁지부 기수
정좌진 丁佐鎭	판임	기수	22				1906	21	판임	탁지부 기수
김종하 金鍾夏	판임	기수	21		관립 고등소학교		1907	21	판임	탁지부 기수
최규동 崔奎東	판임	기수	26				1906	25	판임	탁지부 기수.
김재도 金在璹	판임	기수	21	도	관립 교동일어학교		1907	21	판임	탁지부 기수
홍덕유 洪悳裕	판임	기수	21				1907	21	판임	탁지부 기수
김진현 金鎭現	판임	기수	25		관립 중학교		1904	22	판임	중학교 교관
정범진 丁範鎭	판임	기수	20	나주			1907	20	판임	탁지부 기수
김명희 金明熺	판임	기수	26				1907	26	판임	탁지부 기수
유창열 柳昌烈	판임	기수	25				1907	25	판임	탁지부 기수
이윤용 李潤龍	판임	기수	23	전주			1905	21	판임	우체사 주사
이종근 李宗根	판임	기수	25				1907	25	판임	탁지부 기수
박호병 朴鎬秉	판임	기수	25	밀양	관립 영어학교		1903	21	판임	농상공부 기수
최영로 崔永老	판임	기수	23				1906	22	판임	농상공부 기수

성명	현직		연령	본관	최종학력	입관		초직	
	관등	관직				경로	연도	연령	관등	관직
신경우 申卿雨	판임	기수	25				1902	20	판임	희릉 참봉
송달섭 宋達燮	판임	기수	21	여산	관립 농상공학교		1907	21	판임	탁지부 기수
박경문 朴敬文	판임	기수	25	경주			1906	24	판임	탁지부 기수
이한국 李漢國	판임	기사	23				1907	23	판임	탁지부 기수
박원태 朴源泰	판임	기수	24	밀양	관립 매동소학교		1906	23	판임	탁지부 기수
우중명 禹重命	판임	기수	32		관립 중학교		1905	30	판임	중학교 교관
정구진 丁究鎭	판임	기수	25				1907	25	판임	탁지부 기수
이태희 李泰熙	판임	기수	29	인천	관립 달성일어학교		1907	29	판임	탁지부 기수
정규찬 丁奎燦	판임	기수	25	나주			1907	25	판임	탁지부 기수
조한익 趙漢翊	판임	기수	23				1907	23	판임	탁지부 기수
김우식 金雨軾	판임	기수	24				1907	24	판임	탁지부 기수
김윤하 金潤夏	판임	기수	28		사립 흥화학교		1902	23	판임	지계아문 위원
김찬문 金贊文	판임	기수	27				1907	27	판임	탁지부 기수
이해구 李海具	판임	기수	20		사립 보광학교		1906	19	판임	탁지부 기수
김한경 金漢卿	판임	기수	27				1906	26	판임	탁지부 기수.
김교염 金敎炎	판임	기수	24				1907	24	판임	탁지부 기수
김종열 金鍾烈	판임	기수	21	김해	사립 광성상업학교		1906	20	판임	탁지부 기수
남상긍 南相兢	판임	기수	22	의령			1907	22	판임	탁지부 기수
김형식 金瀅植	판임	기수	24	경주	보성전문학교		1902	19	판임	감리서 주사
정남규 鄭南奎	판임	기수	22		경성학당		1906	21	판임	탁지부 기수
김병진 金炳珍	판임	기수	21				1907	21	판임	탁지부 기수

성명	현직		연령	본관	최종학력	입관			초직	
	관등	관직				경로	연도	연령	관등	관직
계영삼 桂英三	판임	기수	23				1907	23	판임	탁지부 기수
구창서 具昶書	판임	기수	25	능성			1907	25	판임	탁지부 기수
차희동 車熙東	판임	기수	26	연안	관립 덕어학교		1907	26	판임	탁지부 기수
엄우현 嚴禹鉉	판임	기수	24		잠업시험장		1907	24	판임	탁지부 기수
남순희 南順熙	판임	기수	23	의령	관립 영어학교		1906	22	판임	탁지부 기수
이창호 李昌鎬	판임	기수	30				1907	30	판임	탁지부 기수
안병의 安秉儀	판임	기수	30				1902	25	판임	철도원 기수
오치장 吳致章	판임	기수	24		사립 경성일어학당		1906	23	판임	탁지부 기수
김신형 金愼瀅	판임	기수	23		관립 농상공학교		1906	22	판임	탁지부 기수
조중식 趙重植	판임	기수	24	한양			1907	24	판임	탁지부 기수
김윤풍 金潤豊	판임	기수	22		경성학당		1907	22	판임	탁지부 기수
변일균 卞日均	판임	기수	21				1907	21	판임	탁지부 기수
남정목 南廷穆	판임	기수	25	의령			1907	25	판임	탁지부 기수

<내 부>

성명	현직		연령	본관	최종학력	입관			초직	
	관등	관직				경로	연도	연령	관등	관직
유성준 俞星濬	칙임2	차관	48	기계	동경 경응의숙		1885	26		통리아문주사
염중모 廉仲模	칙임3	지방국장	46	용담						
권봉수 權鳳洙	칙임3	경무국장	38	안동			1902	33	판임8	궁내부 주사
조제항 趙齊恒	주임2	회계국장	39	평양			1888	20		전보국 위원
오재풍 吳在豊	주임3	서기관	42	해주	가숙		1894	29		내무아문 주사
유성열 柳成烈	주임4	서기관	42	문화			1896	31	판임7	내부 주사
송지헌 宋之憲	주임4	서기관	36	은진	가숙		1902	31	판임6	내부 주사
나수연 羅壽淵	주임4	서기관	47	나주	가숙	무과	1892	32		훈련원 주부
민원식 閔元植	주임4	서기관	21	여주			1906	20	판임	탁지부 주사
조성구 趙聲九	주임4	서기관	27	풍양			1901	21	판임8	궁내부 주사
권보상 權輔相	주임4	서기관	29	안동	사립중교의숙	진사과	1902	24	판임6	평리원 주사
김유증 金裕曾	주임4	서기관	46	청풍			1894	33		익위사 세마
홍재기 洪在箕	주임4	서기관	51	남양	가숙		1889	33		인천항 서기관
정일용 鄭鎰溶	주임4	서기관	46	연일	가숙	진사과	1895	34	판임7	농상공부 주사
심의석 沈宜碩	주임2	기사	54	청송	가숙	무과	1895	42	판임6	내부 기수
김윤구 金倫求	주임1	기사	38	광주	동경 경응의숙		1898	29	판임6	철도원 기수
장붕 張鵬	주임4	기사	31	인동	관립 덕어학교		1906	30	주임4	내부 기사

성명	현직		연령	본관	최종학력	입관			초직	
	관등	관직				경로	연도	연령	관등	관직
조재봉 趙載鳳	판임	서기랑	57	평양	가숙		1898	48	판임6	내부 주사
이호승 李浩升	판임	서기랑	46	순천	가숙		1898	37	판임8	홍릉 참봉
심하경 沈夏慶	판임	서기랑	35	청송	가숙		1900	28	판임6	내부 주사
임학래 林鶴來	판임	서기랑	52	나주	가숙		1900	45	판임6	내부 주사
오희선 吳禧善	판임	서기랑	31	해주	가숙		1899	23	판임6	내부 주사
이태영 李台永	판임	서기랑	31	덕수	가숙		1901	25	판임6	내부 주사
윤명섭 尹明燮	판임	서기랑	30	해평	가숙		1901	24	판임6	내부 주사
심홍택 沈弘澤	판임	서기랑	34	청송	가숙	진사과	1901	28	판임6	법무 주사
조겸시 鄭謙時	판임	서기랑	31	초계	가숙		1905	29	판임8	태릉 참봉
권순구 權純九	판임	서기랑	42	안동	가숙	문관전고	1906	41	판임	내부 주사
최종락 崔鍾洛	판임	서기랑	38	강릉	가숙		1901	31	판임7	관찰부 주사
김찬제 金纘濟	판임	서기랑	26	경주	가숙		1902	21	판임6	내부 주사
성두식 成斗植	판임	서기랑	36	창령	가숙		1902	31	판임6	재판소 주사
김우제 金右濟	판임	서기랑	32	경주	가숙		1897	22	판임6	청주도 주사
엄주택 嚴柱澤	판임	서기랑	22	영월	가숙		1902	17	판임6	장례원 주사
이종면 李鍾冕	판임	서기랑	44	경주	가숙		1896	33	판임7	관찰부 주사
이완익 李完翼	판임	서기랑	33	전주	가숙		1896	22		순 검
현 진 玄 振	판임	서기랑	38	연주	가숙		1890	21		사 용
이해진 李海鎭	판임	서기랑	28	전주	가숙		1906	27	판임6	관찰부 주사
김성현 金性鉉	판임	서기	25	김해	가숙		1903		판임6	관찰부 주사
유광열 柳光烈	판임	서기	28	문화	경무청 일어속성과		1906	27		분견소 통역

성명	현직		연령	본관	최종학력	입관			초직	
	관등	관직				경로	연도	연령	관등	관직
이규상 李圭相	판임	서기	32	연안	동경 신전구사범학교		1907	32	판임	내부 기수
이문환 李文煥	판임	서기	22		경성학당		1907	22	판임	내부 기수
박상호 朴尙浩	판임	서기	56	밀성	가 숙		1901	50	판임6	군부 주사
이규항 李圭桓	칙임2	차 관	50				1894	37	판임	헌릉 참봉
민건식 閔健植	주임3	서기관	29				1897	19	판임8	혜릉 참봉
김사중 金思重	주임4	서기관	41			진사과	1900	34	판임6	외국어학교부교관
윤세용 尹世鏞	주임4	서기관	35		경응의숙		1905	33	판임	학부 주사
이만규 李晩奎	주임4	시학관	40	전주	관립한성사범학교		1895		판임6	관립소학교 교원
유기영 柳基泳	주임4	시학관	41	문화			1895	29	판임2	법부 주사
이하정 李夏珽	판임	서기랑	39				1904	36	판임1	학부 주사
한보원 韓普源	판임	서기랑	55				1896	44	판임6	학부 주사
이정선 李貞善	판임	서기랑	53				1895	41	판임6	학부 주사
백만석 白萬奭	판임	서기랑	55				1896	44	판임6	학부 주사
홍재구 洪在九	판임	서기랑	60				1904	57	판임6	학부 주사
한덕순 韓悳淳	판임	서기랑	38				1900	31	판임6	학부 주사
김완진 金完鎭	판임	서기랑	32			문관전고	1901	25	판임6	내부 주사
심의식 沈宜軾	판임	서기랑	52				1901	45	판임6	학부 주사
김공식 金公植	판임	서기랑	35			문관전고	1907	35	판임	학부 주사
윤붕식 尹鵬植	판임	서기랑	25		관립 일어학교		1905	23	판임	외국어학교부교관
이완응 李完應	판임	서기랑	21		관립 중학교		1905	19	판임6	관립중학교부교관

<학 부>

성명	현직		연령	본관	최종학력	입관			초직	
	관등	관직				경로	연도	연령	관등	관직
이규상 李圭相	판임	서기	32	연안	동경 신전구사범학교		1907	32	판임	내부 기수
이문환 李文煥	판임	서기	22		경성학당		1907	22	판임	내부 기수
박상호 朴尙浩	판임	서기	56	밀성	가 숙		1901	50	판임6	군부 주사
이규항 李圭桓	칙임2	차관	50				1894	37	판임	현릉 참봉
민건식 閔健植	주임3	서기관	29				1897	19	판임8	혜릉 참봉
김사중 金思重	주임4	서기관	41			진사과	1900	34	판임6	외국어학교부교관
윤세용 尹世鏞	주임4	서기관	35		경응의숙		1905	33	판임	학부 주사
이만규 李晩奎	주임4	시학관	40	전주	관립한성사범학교		1895		판임6	관립소학교 교원
유기영 柳基泳	주임4	시학관	41	문화			1895	29	판임2	법부 주사
이하정 李夏珽	판임	서기랑	39				1904	36	판임1	학부 주사
한보원 韓普源	판임	서기랑	55				1896	44	판임6	학부 주사
이정선 李貞善	판임	서기랑	53				1895	41	판임6	학부 주사
백만석 白萬奭	판임	서기랑	55				1896	44	판임6	학부 주사
홍재구 洪在九	판임	서기랑	60				1904	57	판임6	학부 주사
한덕순 韓惪淳	판임	서기랑	38				1900	31	판임6	학부 주사
김완진 金完鎭	판임	서기랑	32			문관전고	1901	25	판임6	내부 주사
심의식 沈宜軾	판임	서기랑	52				1901	45	판임6	학부 주사
김공식 金公植	판임	서기랑	35			문관전고	1907	35	판임	학부 주사
윤붕식 尹鵬植	판임	서기랑	25		관립 일어학교		1905	23	판임	외국어학교부교관
이완응 李完應	판임	서기랑	21		관립 중학교		1905	19	판임6	관립중학교부교관
방한종 方漢宗	판임	서기랑	37				1900	30		학부 보좌원
윤홍식 尹弘植	판임	서기랑	33		무관학교		1898	24	판임8	장릉 참봉
조신용 趙臣鏞	판임	기수	51				1904		판임6	학부 기수

성명	현직		연령	본관	최종학력	입관			초직	
	관등	관직				경로	연도	연령	관등	관직
이돈수 李敦修	주임1	관상소장	70	흥양	역 산(曆 算)		1894	57		학무아문 참의
김덕영 金惠永	주임1	기사	74	선산	관 상 감		1894	61		학무아문 주사
최헌규 崔獻圭	주임4	기사	49	동주	관 상 감		1895	37	판임	홍릉 참봉
유한봉 劉漢鳳	주임2	기사	69	한양	역 산(曆 算)		1894	56		학무아문 주사
이병헌 李秉憲	주임3	기사	74	전주			1898	65	주임6	학부 기사
김태선 金泰善	판임	기수	64	금산	역 산(曆 算)		1894	51		학무아문 주사
김효진 金孝鎭	판임	기수	50	경주	역 산(曆 算)		1895	38	판임7	
이응선 李應善	판임	서기	64	전주	역 산(曆 算)		1894	51		학무아문 주사
김영선 金永善	판임	서기	22	경주	역 산(曆 算)		1907	22	판임	서 기

<농상공부>

성명	현직		연령	본관	최종학력	입관			초직	
	관등	관직				경로	연도	연령	관등	관직
유맹 劉猛	칙임2	차관	55			무과	1877	25		사과(司果)
정진홍 鄭鎭弘	주임1	농무국장	53	동래		진사과	1891	37		제중원 주사
정대유 丁大有	주임1	상무국장	56	나주			1888	37		통리아문 주사
최상돈 崔相敦	주임2	철도국장 겸 광무국장	38		일본 유학		1894	25		원외랑
서병규 徐丙珪	주임2	공무국장	36	대구	미국프린스 턴전문학교		1900	29	판임8	궁내부 주사
강화석 姜華錫	주임1	서기관	63				1887	43		통리아문 주사
현제복 玄濟復	주임3	서기관	63				1894	50		공무아문 주사
박희양 朴熙陽	주임3	서기관	41				1895	29	판임6	법부 주사
엄태영 嚴台永	주임3	서기관	33	영월			1894	20		농상아문 주사
상호 尙灝	주임4	서기관	29		동경 제국대학		1898	20		영어학교 부교사
변영진 邊永鎭	주임3	서기관	28	원주			1898	19	판임6	감리서 주사
이문하 李文夏	주임4	서기관	36	전주		진사과	1895	24		우체사 기수보
김준용 金準用	주임3	서기관	38	청양			1894	25		의정부 주사
홍재하 洪在夏	주임4	서기관	56	남양			1895	44	판임5	농상공부 주사
이범익 李範益	주임4	서기관	25				1903	21	판임6	외국어학교부교관
이용한 李容漢	주임4	기사	33		일본대판상 업전문학교		1907	33	판임	농상공부 주사
박승장 朴承章	주임3	기사	26		관립 영어학교		1902	21	판임6	농상공부 기수
강홍대 姜鴻大	주임3	기사	43	진주	일본정강현 양잠시험장		1900	36	판임6	농상공부 기수

성 명	현직		연령	본관	최종학력	입관			초직	
	관등	관직				경로	연도	연령	관등	관직
안일호 安日鎬	판임	서기랑	31				1896	20	판임7	농상공부 주사
이기돈 李起墩	판임	서기랑	35	전주			1900	28	판임6	농상공부 주사
김병욱 金炳郁	판임	서기랑	39				1900	32		법부법률기초위원
정윤모 鄭允謨	판임	서기랑	38	동래			1902	33	판임6	농상공부 기수
김현동 金顯東	판임	서기랑	34				1899	26	판임6	우체사 주사
김교필 金敎弼	판임	서기랑	44				1902	39	판임6	의학교 서기
金宜東	판임	서기랑	24	안동			1904	21	판임6	농상공부 주사
박명서 朴明緖	판임	서기랑	31				1905	29	판임6	농상공부 주사
고준식 高準植	판임	서기랑	29	제주	우무(郵務) 학당		1899	21	판임6	우체사 주사
이택종 李宅鍾	판임	서기랑	29				1902	24	판임6	법부 주사
조규식 趙奎植	판임	서기랑	32	임천			1902	27	판임6	통신원 주사
방대영 方大榮	판임	서기랑	32	온양			1899	24	판임6	외국어학교 교관
김영채 金永埰	판임	서기랑	32				1895	20		농상공부 雇員
최원희 崔元喜	판임	서기랑	20				1905	18	판임6	군기창 기수
최태식 崔泰式	판임	서기랑	25				1906	24	판임	농상공부 주사
이용석 李容奭	판임	서기랑	54				1898	43	판임7	군부 주사
이긍재 李肯在	판임	서기랑	28				1902	23		법부법률 기초위원
유길수 柳吉秀	판임	서기랑	36			문관 전고	1903	32	판임8	온릉 참봉
윤태영 尹泰榮	판임	서기랑	48				1902	43	판임6	통신원 주사
이제붕 李濟鵬	판임	서기랑	25	성주	관립 일어학교		1906	24	판임	외국어학교부교관
이태하 李泰夏	판임	서기랑	23	전주			1906	22	판임	농상공부 주사

성 명	현직		연령	본관	최종학력	입관			초직	
	관등	관직				경로	연도	연령	관등	관직
이정균 李鼎均	판임	서기랑	26	전주			1902	21	판임6	혜민원 주사
이종항 李鍾恒	판임	서기랑	30	경주	사립 중교의숙	문관전 고	1905	28	판임	농상공부 기수
오두환 吳斗煥	판임	서기랑	23		관립 일어학교		1907	23	판임	농상공부 서기랑
권오익 權五翊	판임	서기랑	29				1902	24	판임6	혜민원 주사
이상규 李相奎	판임	기수	34				1895	22	판임7	내부 주사
남필우 南泌祐	판임	기수	34		잠업 시험장		1902	29	판임6	궁내부 기수
안창선 安昌善	판임	기수	40		동경 경응의숙		1905	36	판임	농상공부 기수
이명하 李明夏	판임	기수	35	전주			1899	27	판임8	관찰부 주사
장성화 張聖和	판임	기수	34		관립한성사 범학교		1896	23	판임6	소학교 교원
박수면 朴秀冕	판임	기수	27		동경암창철 도학교		1906	26	판임	농상공부 기수
유완종 劉玩鍾	판임	기수	30		관립 일어학교		1901	24	판임6	외국어학교부교관
백원필 白元弼	판임	기수	27	선산			1906	26	판임	농상공부 기수
장두병 張斗柄	판임	기수	21		광무학교		1907	21	판임	농상공부 기수
조병채 曺秉采	판임	기수	28		관립 농림학교		1906	27	판임	농상공부 기수
안규응 安奎應	판임	기수	23		관립 농림학교		1907	23	판임	농상공부 기수
김찬오 金贊伍	판임	기수	22		관립 농림학교		1907	22	판임	농상공부 기수
최태용 崔泰鏞	판임	기수	22		관립 농림학교		1907	22	판임	농상공부 기수
김의용 金義鎔	판임	기수	21		관립 농림학교		1907	21	판임	농상공부 기수
김상덕 金尙德	판임	기수	21		관립 농림학교		1907	21	판임	농상공부 기수

성 명	현직		연령	본관	최종학력	입관			초직	
	관등	관직				경로	연도	연령	관등	관직
김종원 金宗元	판임	기수	25		관립 농림학교		1907	25	판임	농상공부 기수
김정학 金正學	판임	기수	22		관립 농림학교		1907	22	판임	농상공부 기수
김화준 金化俊	판임	기수	23		관립 농림학교		1907	23	판임	농상공부 기수
김원일 金元日	판임	기수	26		관립 농림학교		1907	26	판임	농상공부 기수
김광하 金光河	판임	기수	30		관립 농림학교		1907	30	판임	농상공부 기수

(국사편찬위원회 편, 『대한제국관원이력서』에 의함)

〈별표 3〉 통감부기 경무청 경찰관의 이력

(1907년 8월 현재)

성명	현직		연령	본관	최종학력	입관			초직	
	관등	관직				경로	연도	연령	관등	관직
구연수 具然壽	칙임2	경무사	42	창원	동경제대전수 광산학교	무과	1892	27		광무국 주사
이헌규 李憲珪	주임	경무관	40	한산			1899	32	판임7	통신사 주사
최태현 崔台鉉	주임3	경무관	37	경주			1895	25		순검
장우근 張宇根	주임4	경무관	35	덕수			1905		판임6	총순
유기량 柳箕亮	주임4	경무관					1900			순검
박희욱 朴喜旭	주임4	경무관	36	밀양			1901	30	판임6	총순
정규봉 丁奎鳳	주임4	경무관	27				1902	22		육군 보병참위
유진명 俞鎭明	주임4	경무관	28	기계			1903	24	판임8	통신사 주사
김상설 金相卨	주임4	경무관	30		일본 육군사관학교		1902	25		육군무관학교생도대
유봉석 劉鳳錫	주임4	경무관	41	강릉	배재학당		1891	25		사 용(司 勇)
이용로 李容魯	판임	주사	40	전의			1896	29	판임	우체사 기수보
김응표 金應杓	판임	주사	43	김해			1905	41	판임	경무청 주사
유세충 劉世忠	판임	주사	40	강릉			1906	39	판임	경무청 주사
안종열 安鍾烈	판임	주사	24	순흥			1902	19		순검
이창우 李昌雨	판임	주사	26	경주			1906	25	판임	총순
김순민 金淳敏	판임	주사	29	김해	사립광성실업야학교		1898	20		순검
김은종 金殷鍾	판임	주사	25	김해			1898	16		순검
이기용 李基鏞	판임	주사					1907		판임	경무청 주사
전기선 全基善	판임	총순	23	정선			1906	22	판임	경무청 주사
서기순 徐紀淳	판임	총순	25	대구			1899	17		순검
윤시용 尹始鏞	판임	총순	24	파평			1906	23	판임	농상공부 기수
최기홍 崔基洪	판임	총순	30	경주			1906	29	판임	총순
김명환 金明煥	판임	총순	33	경주			1905	31	판임	총순

성명	현직		연령	본관	최종학력	입관			초직	
	관등	관직				경로	연도	연령	관등	관직
이종국 李鍾國	판임	총순	30	경주			1906	29	판임	총순
윤병희 尹秉禧	판임	총순	38	남원			1890	21		통례원 인의
표진모 表振模	판임	총순	29	신창			1901	23	판임6	관찰부 주사
권종열 權鍾烈	판임	총순					1900			순 검
박희정 朴喜鼎	판임	총순					1906		판임	총 순
이보영 李普榮	판임	총순					1906		판임	총 순
이두영 李斗榮	판임	총순					1898			순 검
유석원 劉奭源	판임	총순	28	강릉			1906	27	판임	총 순
강태형 姜泰馨	판임	총순	41	진주			1904	38	판임6	총 순
송수용 宋脩用	판임	총순	28				1902	23	판임6	혜민원 주사
정은모 鄭慇謨	판임	총순					1902			순 검
강두식 康斗植	판임	총순	41				1894	28		순 검
김종원 金鍾元	판임	총순	35	김해			1907	35	판임	총 순
이석구 李錫求	판임	감옥서 간수장					1898		판임7	총 순
임문상 林文相	판임	총순	25	나주			1902	20	판임6	관찰부 주사
홍진항 洪鎭恒	판임	감옥서 간수장					1900		판임6	총 순
안경선 安慶善	판임	총순			동경 신전구법학원		1905			권 임
채경묵 蔡慶黙	판임	총순	32	평강			1900	25		순 검
이사은 李思殷	판임	총순	38	아산			1895	26		순 검
방태영 方台榮	판임	총순					1904			순 검

(국사편찬위원회 편, 『대한제국관원이력서』에 의함)

〈별표 4〉 통감부기 관찰사의 이력

성명	임지	임명 일자	연령	본관	학력	입관경로	입관연도	초직 관등	초직 관직
이근홍 李根洪	경기	1906. 2. 22.		전주		무 과	1889		선전관
주석면 朱錫冕	충남	1906. 2. 22.	48	신안			1895	판임8	守奉官
이근상 李根湘	경북	1906. 6. 29.	33	전주	일어학교	진사과	1895	판임6	주사
이중하 李重夏	경북	1906. 7. 19.	61	전주		문 과	1882		교리
이재곤 李載崐	경북	1906. 8. 6.	33	전주		문 과	1882		교리
윤길병 尹吉炳	충북	1906. 8. 18.	55	파평	가 숙	무 과	1878		참사관
성기운 成岐運	경기	1906. 8. 30.	60	창령	가 숙	문 과	1879		가주서
이원긍 李源兢	경북	1906. 8. 30.	58	전주		진사과	1883		주사
한진창 韓鎭昌	경북	1906. 9. 21.	49	청주	가 숙		1895	주임6	참서관
기규희 金圭熙	전북	1906. 9. 21.	50	경주	가 숙		1885		주사
이시영 李始榮	평남	1906. 9. 27.	38	경주	가 숙	진사과	1885		동몽교관
박승봉 朴勝鳳	평북	1907. 4. 27.	37	반남		진사과	1895	판임	주사
윤성선 尹性善	함북	1907. 4. 27.	47		가 숙	진사과	1896	판임6	주사
이건영 李健榮	충남	1907. 5. 13.	49	경주	가 숙		1895	주임	주사
최석민 崔錫敏	경기	1907. 5. 30.	50	경주	가 숙		1894		주사
박중양 朴重陽	평남	1907. 6. 7.	34	밀양	동경부기학교		1904		주사
이호성 李鎬成	충북	1907. 6. 28.	50	우봉	가 숙		1878		부사맹
유 맹 劉 猛	전북	1907. 9. 19.	55			무 과	1878		주부
이두황 李斗璜	전북	1908. 1. 21.	51	인천	가 숙	무 과	1881		哨官
권봉수 權鳳洙	충북	1908. 6. 11.	39	안동				판임8	주사
신응희 申應熙	전남	1908. 6. 11.	50		일본육군호산학교		1875		사과
조희문 趙羲聞	황해	1908. 6. 11.	51	평양	무관양성소	무 과	1882		哨官

(『대한제국관원이력서』에 의함)

색인

(ㄱ)

가문 161, 162
각서 129
간수장 132
간접통치 134
감봉처분 47
감옥 132
감옥사무 132
갑신정변 43
갑오개혁 9, 161
갑오개혁기 9
개화파 9
거주 46
거주연좌 47
거주연좌제 47
거주지 43
검사 45
경무 128
경무고문 129
경무국 130
경무국장 129, 130
경부 130
경시 130
경시청 130

경시총감 129
경시총장 130
경연청 45
경제학 67
경찰 129
경찰간부 130
경찰관 130, 162
경찰관서 130
경찰권 130
경찰부장 130
경찰서장 130
고관 161
고등관리 129
고문 69
고문관 128
고문정치 133
고시 42
고시제 43
고시제도 44
고원 131
공거 44, 45
공립학교 130
공문 67, 68
공천 45

색인 189

과거제 ▪9
과장 ▪131
관계 ▪161
관료 ▪130
관리 ▪129
관리등용제도 ▪9, 49
관립학교 ▪162
관서 ▪131
관전고소시험규칙 ▪66
관제개혁 ▪128
관직 ▪45
관찰사 ▪44, 130
교감 ▪131
교관 ▪67, 128, 162
교원 ▪130
교육 ▪129
교육기관 ▪43, 162
국문 ▪68
국사 ▪68
국왕 ▪45
국정 ▪69, 161
군부 ▪128
군수 ▪44
궁내부 ▪45, 128

규장각 ▪46, 131
근대적 ▪162
급제자 ▪162
기사 ▪46
기수 ▪162
기주 ▪46

(ㄴ)

낙점 ▪45
내각 ▪67, 128
내무행정 ▪129
내부 ▪129
내부대신 ▪44
내장원 ▪131
내정 ▪132
내정간섭 ▪133
농상공부 ▪129
능력 ▪43

(ㄷ)

대과 ▪162
대신 ▪9
대신관방 ▪131
대제 ▪46

대학 162
대학사 45
대한제국기 68, 134
도헌 44
동조자 163
동학농민혁명 43
등용 45, 163

(ㄹ)
러일전쟁 69

(ㅁ)
면관 47
목사 46
목하전종태랑 128
무과 161, 162
무관 45
문과 161, 162
문관 9, 44, 49
문관수임식 45
문관시험 67
문관전고 50, 162
문관전고소규제 66
문관전고소규칙 66

문관전고소세칙 66
문관전고소시험규칙 9, 44, 49
문관전고시험제 9
문관전고제도 49, 66
문벌 161
문벌타파 43
민법 67

(ㅂ)
법관 44, 45
법관시험 67
법관양성소 67
법관전고 50
법관전고규정 50
법관전고세칙 50, 67
법관전고소시험제도 49
법관전고위원 67
법관전고제도 49
법령 67
법률경제 67
법부 67
법부대신 45
법학 67
병사 45

보좌관 ▪128
보천 ▪46
보통문관시험 ▪44
보통시험 ▪42
부 ▪43
부윤 ▪46, 130
부학사 ▪46
분서장 ▪130
비밀 ▪129
비서관 ▪130

(ㅅ)
사립학교 ▪162
사무관 ▪129
사법 ▪132
사법관시험 ▪45
사법관시험규칙 ▪45
사법권 ▪132
산술 ▪67, 68
삼국시대 ▪10
상공업 ▪129
생원과 ▪162
서기관 ▪130
서기랑 ▪67

서훈 ▪134
선거인 ▪42
선거조례 ▪9, 49
선장 ▪43
선취 ▪43
성명 ▪43
성분 ▪134, 162
소과 ▪162
수령 ▪46
수사 ▪45
수인 ▪132
수학 ▪162
순검 ▪162
순사 ▪130
승계 ▪162
승선 ▪46
승선원 ▪46
승진·전임 ▪9
시강 ▪46
시독 ▪46
시험제도 ▪42
식민지 ▪69, 133
신분 ▪43
신식교육 ▪43, 67

실권 ▪69
실무 ▪129
실학자 ▪9

(ㅇ)
아문 ▪43
역사의식 ▪68
연령 ▪161
외국어 ▪67
요직 ▪45, 129
유림 ▪162
유수 ▪45
유학 ▪161
은전 ▪162
을사조약 ▪133, 162
의정대신 ▪46
의정부 ▪44, 45
이등박문 ▪133
이사청 ▪133
인민평등 ▪43
인사권 ▪69, 160
인사정책 ▪70
인재 ▪43
일본인 ▪129

일어학교 ▪162
일제 ▪68
임규칙 ▪46
임시시험 ▪44
임용 ▪44
임용권 ▪129
임용규정 ▪45
임용상황 ▪134
입격자 ▪162
입관경로 ▪162
입관연도 ▪162

(ㅈ)
자국민 ▪129
작문 ▪67, 68
재정 ▪129
재정고문 ▪128
재주 ▪43
재판소 ▪67, 132,
재판소구성법 ▪44, 49, 67
적재적소 ▪43
전고국 ▪42, 43, 47
전고국조례 ▪9, 49, 67
전문학교 ▪162

색인 193

전옥 ▪132
정기시험 ▪44
정미7조약 ▪133
정원 ▪131
조선시대 ▪10
조선왕조 ▪49
조선인 ▪130, 134
조선후기 ▪45
종친 ▪161
주사 ▪67, 129, 131
주산 ▪67, 68
주임관 ▪43, 46
주천 ▪45
중앙행정 ▪130
중추원 ▪161
증시 ▪162
증직 ▪162
지리역사 ▪67
지방관 ▪44, 45
지방관공거규정 ▪44
지방관보천내규 ▪44
지방관전고 ▪50
지방관전고규정 ▪50, 67
지방관전고세칙 ▪50

지방관전고제도 ▪49, 50
지방국장 ▪130
지방재판소 ▪50
지방제도 ▪67
지배층 ▪134
직전 ▪46
직접통치 ▪134
진사과 ▪162

(ㅊ)
차관 ▪129, 130
차관정치 ▪133
찬성 ▪44
참봉 ▪162
참여관 ▪128
참의 ▪46
참찬 ▪44
천거 ▪10, 162
천거단자 ▪46
천거제 ▪9
천거제안 ▪9
천장 ▪43
천황 ▪133
첨사 ▪45

청일전쟁 ▪128
초임 ▪162
촉탁 ▪160
총리대신 ▪44, 45
총순 ▪162
추천 ▪129
취사 ▪44
치안유지 ▪130
칙임관 ▪9, 45, 46
친일 인사 ▪161
침략상황 ▪134
침략정책 ▪161

(ㅌ)
탁지부 ▪129
통감 ▪129, 133
통감부 ▪69, 133
통감부기 ▪68, 130, 134
통감정치 ▪160, 162
특별시험 ▪42, 43

(ㅍ)
판사 ▪45
판임관 ▪43, 50

판임관직 ▪67
품행 ▪43
피천인 ▪46
필사 ▪67, 68

(ㅎ)
하급관리 ▪68, 129
학교 ▪43
학력 ▪161, 162
학부 ▪129
학사 ▪46
학정 ▪128
한국정부 ▪69
한국침략 ▪69
한나라 ▪10
한말 ▪50
한성 ▪67
한성사범학교 ▪67
한일신협약 ▪69, 133
한일협약 ▪69, 128, 133
합격자 ▪67
합병 ▪162
행정 ▪129, 134
행정법 ▪67

색인 195

항공법 ▪44
헌병 ▪130
헌병보조원 ▪130
현감 ▪44, 45
현관 ▪45
현관천거제 ▪9
현직관리 ▪45
협력자 ▪163
협의 ▪45
협판 ▪44
형법 ▪67
환산중준 ▪129
황실 ▪131
회계예산 ▪67
회동 ▪45
회유 ▪162
회천 ▪45